お店やろうよ! ④

はじめての「雑貨屋さん」オープンBOOK

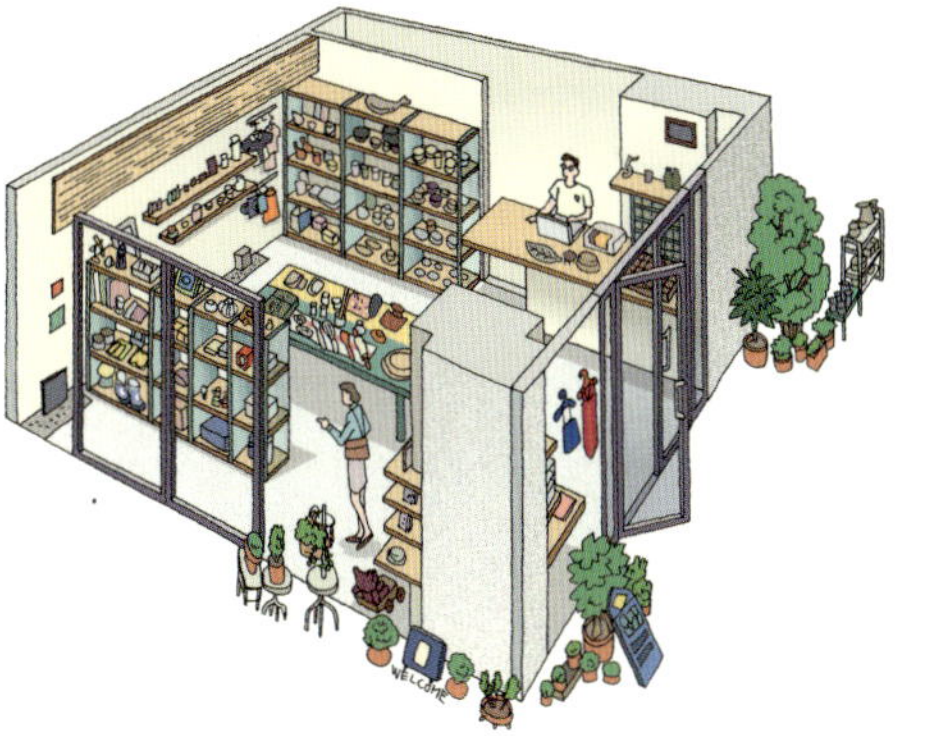

技術評論社

モノが語る言葉を、お客さまにわかりやすく

a story

「雑貨屋さん」には、扱う商品の数だけ出会いがあり、モノはときとして人との関係をつなぐ役目を果たします。そして、それをお客さまにどう伝えるかにお店の個性が表れるのです。

ポップ／カジュアル、モダン、アンティーク、ハンドメイドなどなど、雑貨屋さんの店頭は、お店ごとにスタイルが決まっています。憧れのデザイナーアイテムから、何のためにつくられたのか「?」なモノまで——そこに置いている商品が何であれ、オーナーの感性とビジネスセンスがあればこそ、お店は繁盛します。

　これから雑貨屋さんをはじめようという人は、自分の好きなモノだけを並べたいと思うかもしれませんが、商品が売れなければもちろんお店は続きません。ですから、モノが魅力的に見えるように並べ方を工夫したり、使い方を提案したり……それから売れ筋商品の仕入れや、季節ごとの並べ替え、もちろんお得意さ

zakka tells

まのお世話も大切です。

雑貨屋さんはモノの知識があって、商品をたくさん並べていればいいわけではありません。仕入れ先の人、商品をつくって送ってくれる人など、商品をそろえるにはさまざまな人とのかかわりなくしては語れません。

雑貨は、いらない人にはただのガラクタでも、そのよさがわかる人にはそっと語りかけるような気がするもの。それは、つくった人の手の温もりや、こめた思いをどれだけ感じとれるか。商品を売るときに雑貨屋さんが大切にするのは、その温度や思いをどうやってわかりやすくお客さまに伝えるかということです。

雑貨屋さんは、モノの数だけその「声」を聞き、それを自分の言葉にして伝えます。「長く大切にしてほしい」との願いも添えて。

こうした橋渡しが、モノに息を吹きこみ、お客さまとの幸せな出会いの場をつくるのです。

雑貨屋さんオーナー語録

「商品を通じて、それにこめられた島と作家たちのスピリットをこのお店から発信したいんです」(Love MAUI P036)

「1日に100人のお客さまと話をしても、お客さまにとっての自分はたった1人であることを忘れないように」(偏西風 P042)

「自分の仕事を愛すること。その気持ちをどこまでお客さまに伝えることができるかが大切です」(メルレットルーム・カリーノ P060)

●開業にあたって大事なことは？

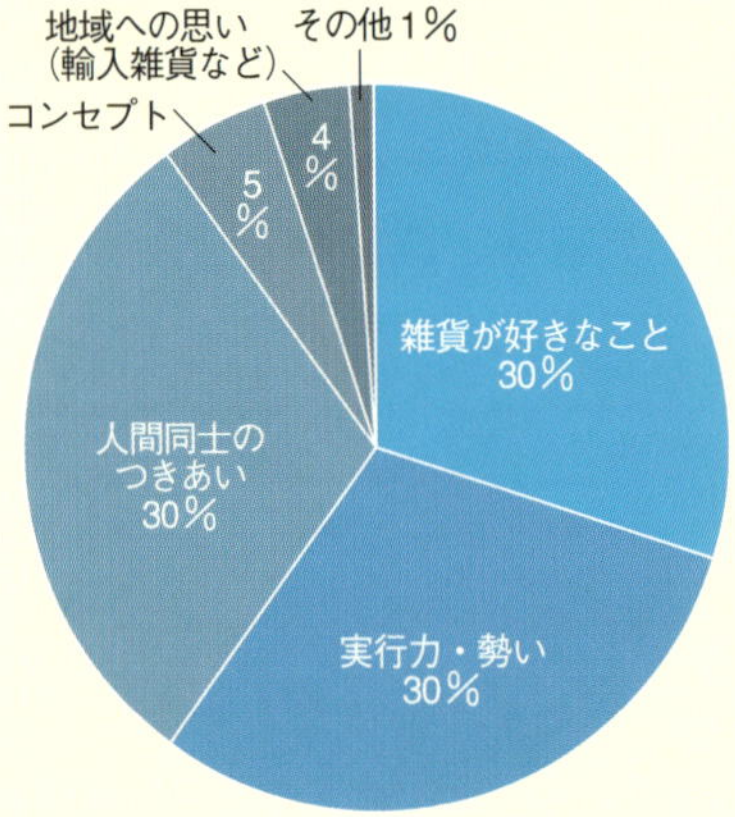

右と同様に、取材において伺った話をもとに作成。すでに軌道に乗って成功しているお店も多いためか、コンセプトの割合が低めだが、これからはじめる人にとっては重要課題であることに変わりはない。

●開業資金、その内訳の割合は？

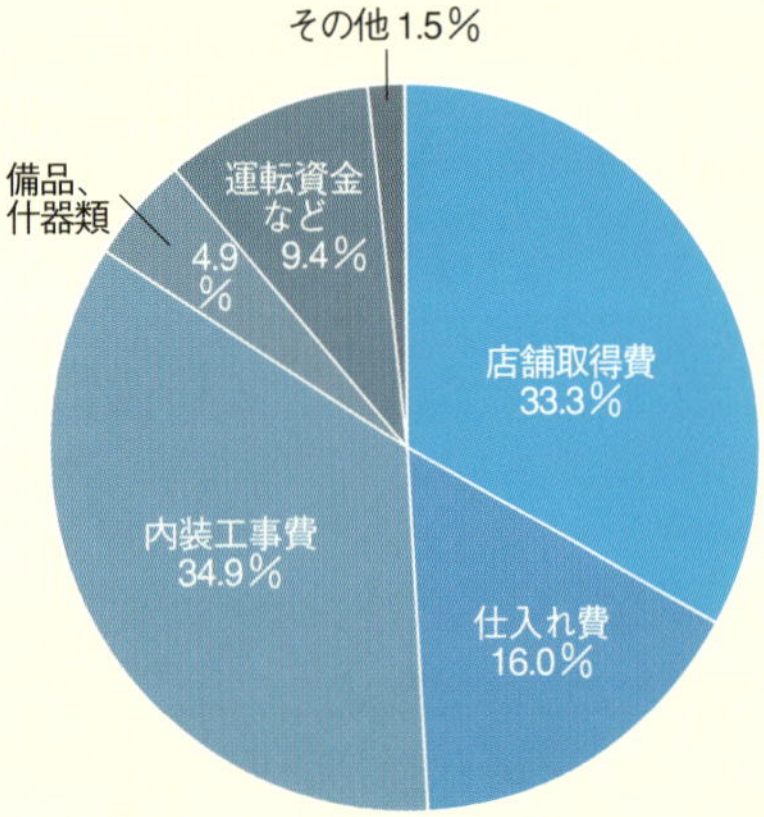

本書に登場いただいたお店の取材において得た情報をもとに作成。もっとも高い割合の「内装工事費」は平均価格で約1,780,000円。お店によって、DIYで0円から、業者への依頼で7,000,000円まで幅がある。

雑貨屋さんは、まず「買い物上手」であること

雑貨屋さんになるには、人間同士のつきあいが必要なのは前ページでも触れました。雑貨が好きなことはもちろんですが、実行力と、買い物上手であることも大事な要素なのです。

雑貨屋さんは、お店にやって来るお客さまから「こんな商品を探しているんだけど」などと相談を受けることも。そんな声に応えるには、仕入れ現場での実行力がものをいいます。

アジアン雑貨を現地で買い付けする「偏西風」（42ページ）の吉尾浩さんは、「下手でもいいから現地の言葉でコミュニケーションをとるのが基本。話そうとする姿勢、努力を見せるだけで相手には伝わります」といいます。

西洋アンティークから焼き物、文房具までを扱う「鵙屋」（54ページ）の永田純一さんは、「お店の人こそ買い物のプロフェッショナルでないと、お客さまには何も勧められないし、伝わりません」と、きっぱり。

いくら苦労して集めたモノでも、最後に買うのはやはりお客さま。品ぞろえや価格を決めるときには、お客さまの立場になってよく考えなければいけません。まず買い物上手になること。それが最初の一歩です。

are you shopping superior?

あなたは何を買うときが一番幸せですか？

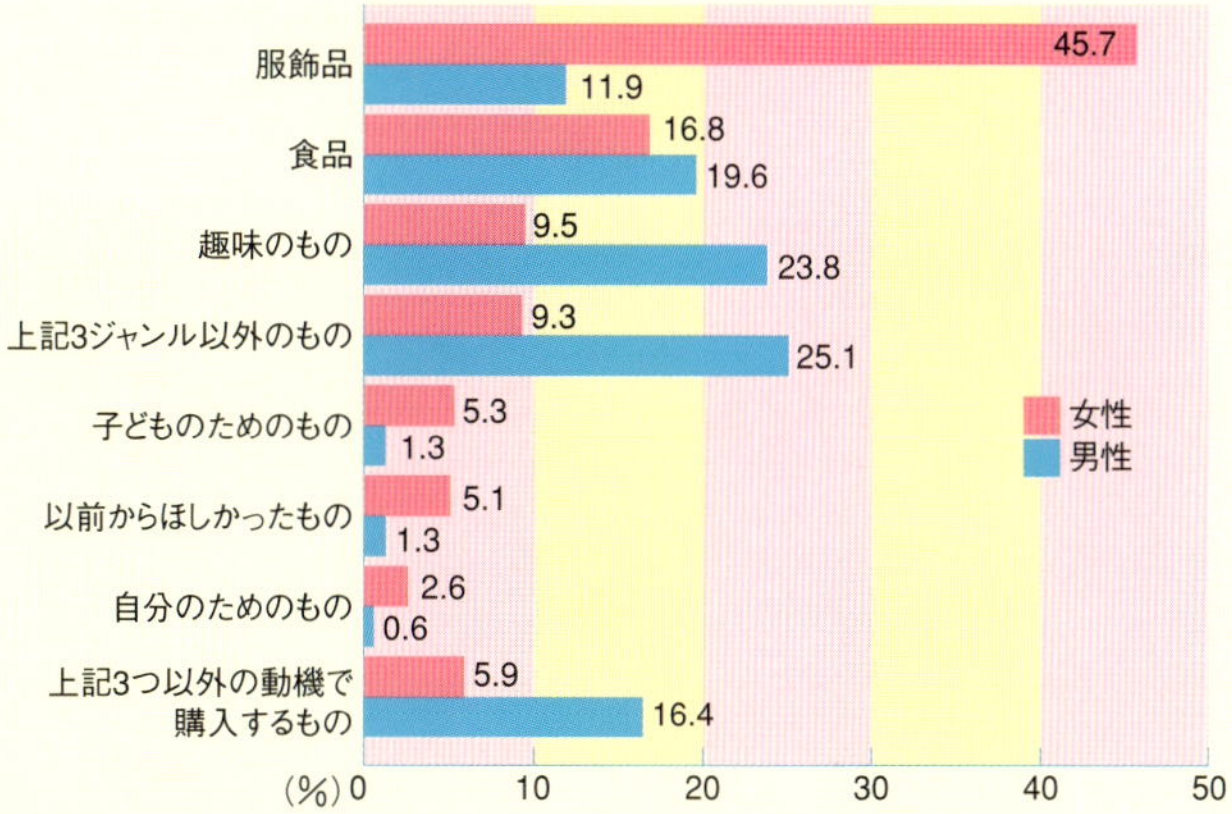

服飾品 45.7 11.9
食品 16.8 19.6
趣味のもの 9.5 23.8
上記3ジャンル以外のもの 9.3 25.1
子どものためのもの 5.3 1.3
以前からほしかったもの 5.1 1.3
自分のためのもの 2.6 0.6
上記3つ以外の動機で購入するもの 5.9 16.4
女性
男性
(%) 0 10 20 30 40 50

データは「衝動買いの対象」という調査とほぼ同じ傾向が見られる。女性は「見つけ次第」買い、男性は「必要なとき」「お金に余裕があるとき」という人が多いようだ。（出典：株式会社ハー・ストーリィ「買い物について」アンケート結果）

買い物をするときは、どんなとき？

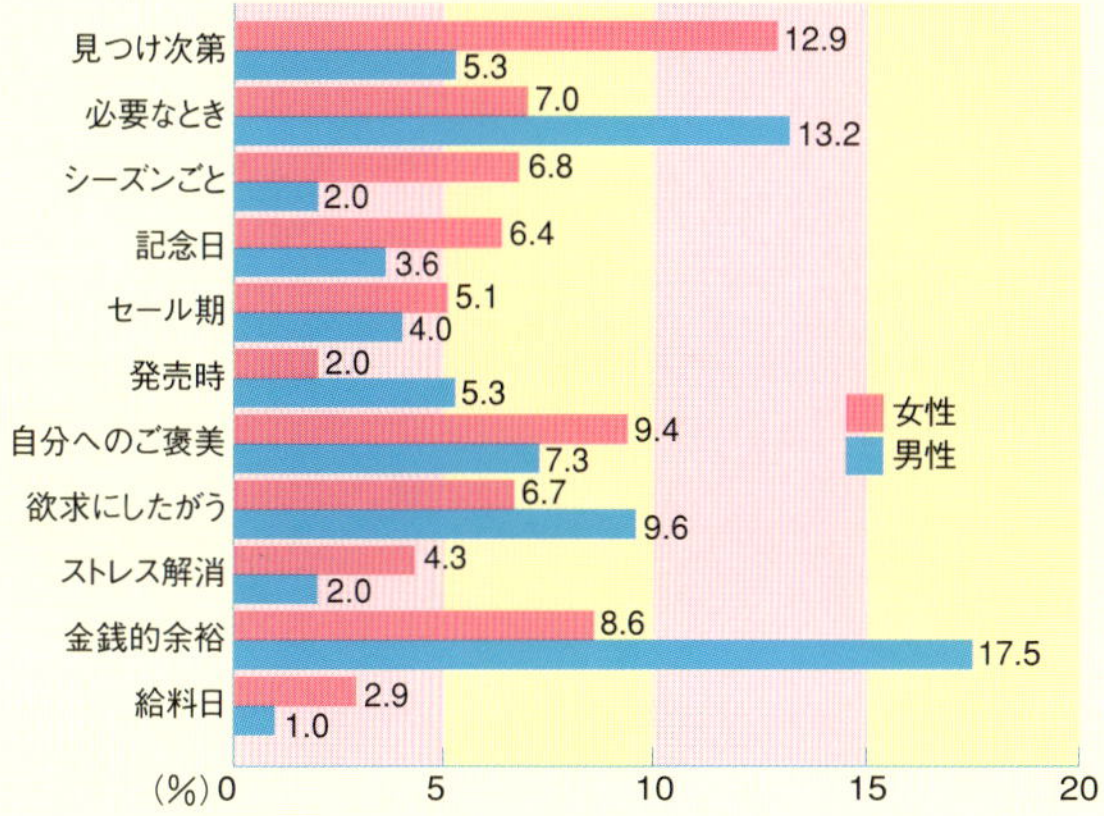

見つけ次第 12.9 5.3
必要なとき 7.0 13.2
シーズンごと 6.8 2.0
記念日 6.4 3.6
セール期 5.1 4.0
発売時 2.0 5.3
自分へのご褒美 9.4 7.3
欲求にしたがう 6.7 9.6
ストレス解消 4.3 2.0
金銭的余裕 8.6 17.5
給料日 2.9 1.0
女性
男性
(%) 0 5 10 15 20

計画的に買い物をする男性に対し、女性はタイミングを重視する傾向。別の調査「あなたにとっての買い物とは？」の結果では、女性は「癒し・やすらぎ効果」に意見が集中（約半数）、次いで「楽しみ・喜び」「義務・必要なこと・日常」が続く。（出典：株式会社ハー・ストーリィ「買い物について」アンケート結果）

11店のそれぞれの歩みに必ずヒントは隠されている！

雑貨屋さんをつくるときに、まず大切なのはスタイルやコンセプトです。本書に登場する11店の雑貨屋さんは、どのお店も個性的で、11組のオーナーは好きな雑貨に囲まれてショップを経営しています。

お店のカタチこそさまざまで、商品の1つひとつをゆとりをもって陳列するお店や、ごちゃごちゃして何があるかわからないくらいのお店もありますが、お客さまにとってお気に入りを見つける楽しさがある点では変わりません。

お客さまに愛されるためには、好きな商品だけでなく売れ筋商品をそろえたり、手描きPOPでわかりやすい説明を加えたり、雑貨屋さんらしいお店づくりも多くのお店に共通します。もともと違う業界にいた人は、慣れないお店づくりのために数多くの競合店を訪れて参考にしたり、周囲の人から協力を得たり、オープンまでには地道な努力も必要となります。

11店のこれまでの歩みは、1つの通過点にすぎないかもしれませんが、多くの示唆に富んだ案内図となるはずです。

はじめての雑貨屋さん オープンまでのスケジュール

オープン日を決めてから、1年間のスケジュールを立ててみよう。全体を見渡すことで、いつまでに何をすればいいのかがわかってくるはずだ。

1〜3カ月目　人気の雑貨店をめぐってみよう！

いま人気のお店や話題になっているお店をくまなくチェック！　人気のヒミツをお店づくりの参考にしよう。自分の好きなお店だけでなく、いろんなタイプのお店に足を運んでみることが大切だ。

やっておきたいこと

●テレビ、雑誌、HPなどで最新情報をチェック。
●人気の理由をチェック。仕入れ先などの情報は、商品のタグなどから。
●雑貨店に限らず話題のお店をできるだけチェックする。

▼

4〜5カ月目　自分らしい雑貨店を描いてみよう

ただアイテムがたくさんあればいいというものではない。お店の雰囲気や入りやすさ、商品の見やすさ、レイアウトなど気をつけたいポイントは数多い。まずは明確なコンセプトづくりからはじめよう。

やっておきたいこと

●コンセプトを決める際は扱う商品のタイプに加え、仕入れや予算などの現実的な問題も考慮しよう。
●お店づくりで迷ったときは、もう1度コンセプトを見つめ直してみよう。

▼

6〜8カ月目　オープンに向け準備開始！

出店希望のエリアを決めたら、立地条件を踏まえて物件を探しはじめよう。自宅を改装する場合は、扱う商品を考慮して、レイアウト、スペースなどうまくコンセプトを表現できるようデザインしよう。

やっておきたいこと

●物件の相場と周辺の通行量、競合店の実態調査など、時間、曜日ごとにチェック。
●扱う商品の種類や数により必要な設備をチェック。
●設計・施工会社の選定をし、必要なお金を計算する。

▼

9カ月目　いろいろなモノをそろえよう

メーカーや卸問屋、小売店など、仕入れ先を決めよう。アーティストと直接取り引きする方法もある。輸入する場合は許認可や費用についてもチェック。国内で手に入るかどうか確認することも忘れずに。

やっておきたいこと

●できれば自分の目で確かめてから買い付ける。
●海外への買い付けは旅費なども考慮し、赤字にならないように細かく計算する。
●商品に対する、現地の人と日本人の意識の違いに注意。

▼

10カ月目　お金の準備をしっかりしよう

商品を仕入れることは大事だが、そのために内装やデザインをケチってしまうのはいただけない。細かく資金計画を立て、予算の範囲内で上手にやりくりするというのも、オーナーの腕の見せどころだ。

やっておきたいこと

●家族、親類、金融機関など、どんな借入れ先があるかをチェックしておく。
●仕入れや工事などすべてに無理のない資金計画を立てる。
●開店前後に必要なお金の計算。売り上げ目標も設定。

▼

11〜12カ月目　さあ、オープン直前

お店の名前やPOP、ロゴなどを考えよう。看板や商品の陳列は、お店の印象を決めるので慎重に行いたい。値付けはお客さまの立場に立って、「自分ならいくらで買うか」を基準に決定しよう。

やっておきたいこと

●道具、備品、看板などのチェック。陳列やPOPの確認。
●仕入れ、在庫のチェック。業者との契約、交渉など。輸入品の場合は納期も確認。
●何を質問されてもいいように、商品知識は抜かりなく。

contents

第5章 オープン直前は最後のツメが大事！

ロゴやPOPのつくり方

とても元気いい！

暮らしのなかで楽しめる輸入アンティーク

普段使いの一品に
思いをこめる
仲良し母娘
粋気者
(048P)

街の気さくな
本格セレクト
雑貨ショップ
鵙屋
(054P)

ロマンティックな夢の世界へ……

白いレースに
ふんわり
包まれたお店
メルレットルーム・カリーノ
(060P)

プラスαの併設型雑貨屋さん

小波のように、
やさしさあふれる
海のショップ
スターフィッシュ
(066P)

ご近所さんに
愛される、
住宅街の雑貨＆
カフェの一軒家
薔薇の雑貨＆カフェ LOVELY ROSE
(072p)

オーナーのこだわり　＝立地　＝お店づくり　＝接客　＝商品構成　＝コンセプト

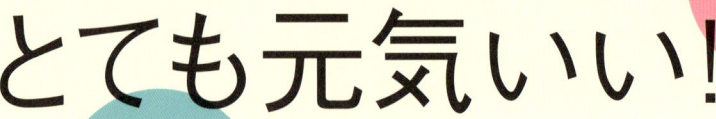

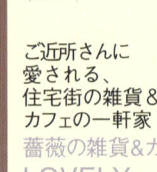

第1章 人気ショップの出来るまで

こんな雑貨店が、いま

見るだけで時間を忘れてしまうもの。手にとると自然と顔がほころんでしまうもの。
いつもの棚にある売れ残りや、新しく入荷されたピカピカの新作……。
雑貨屋さんには、いつ行っても心惹かれるものや新しい発見があります。
毎日自分の好きなものに囲まれているなんて。
そんなお店の人をうらやましく思ったりも。
でも商品を売る以外にも、
それはたくさんの仕事があるのです。

商品とともに発信する「ものづくり」の喜び

雑貨店の
枠を超えた、
デザイン・
プロデュース空間
designshop
（012P）

夢のあふれる
プチミュージアム
へ行こう！
あーと屋雑貨店
（018P）

アメリカンテイストのカジュアルなスタイル提案

ファイヤーキング
の美品が本日も
大量入荷！
DEALERSHIP
（024P）

不思議雑貨＆
古着の小宇宙
オニグンソー
（030P）

海を越えて、エキゾチックな風便り

ALOHA SPIRIT
とともに
届けられる
ロコ作家の
ハンドメイド商品
Love MAUI
（036P）

まるで、
アジアの市場で
「宝探し」でも
するように
アジアン雑貨
偏西風
（042P）

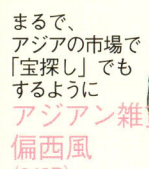

雑貨店の枠を超えた、デザイン・プロデュース空間

重厚な南部鉄瓶、
イッタラ社のグラス、
イサム・ノグチの照明……。
選び抜かれた新旧の名品が、
デザインスピリットに満ちた
豊かな空間をかたちづくる。
雑貨店の枠を超えた、
ここはものを生み出す現場。

designshop《デザインショップ》

東京都港区

リノベーションした古いビルの1階をショップに、2階を店舗兼事務所に活用。手塗りの床や、いまでは珍しくなったスチール製の窓枠が趣ある空間をさらに味わい深くしている。雑貨以外の内装やインテリアも「空間デザイン」として提案する。

オーナーのこだわり

- …建物全体を1つのデザイン空間ととらえ、商品のみならずインテリアや内装までを提案。
- …日本の伝統工芸を守り、市場を広げる拠点としてもショップを活用。
- …外に開かれた場として、年に数回メーカーやデザイナーとともに展覧会を開催。

(右上)大きく観音開きにされたスチールの扉が、訪れる人への歓迎の意を表現している。
(右下)商品をきっちり見せるというコンセプトにしたがい、1つひとつがゆったりと置かれる雑貨。
(中)白い壁とグレーの床、スチールサッシュの窓が印象的な店内。雑貨以外の内装やインテリアも「空間デザイン」として提案する。
(左)築40年の歴史を感じさせる、雰囲気いっぱいの階段。これを上って2階のスペースへ。

シンプルで長く使える美しいものを提案したい

南麻布の住宅街に建つ築40年のRC造ビル。センスよくリノベーションされたこの建物の1・2階が「designshop」だ。このお店と、インテリアや建築デザインの企画・設計・製作を行う「designworks」で構成される「エムエイチユニット」の代表である森 博さんはいう。

「古いものを壊さず、長く使っていくというこの建物のスタンスと、お店で扱う商品の考え方は同じ。生活に溶けこんで長く使ってもらえるものをと思っています」

何十年単位で使用可能なシンプルで美しい商品を提供することで、生き生きとした生活空間を提案したい。こんな思いでインテリアデザイナーの友人と1998年にネットショップを立ち上げる。その後、現店舗の入る建物と出会い、知人の建築家らと共同作業で自らリノベーションを手がけ、テナントとなった。

「お店という、さまざまな人が訪れてコミュニケーションできる開かれた空間で、厳選されたプロダクトやデザインをトータルにプロデュース、提案していきたいのです」

デザイナーの視点で創造意欲がわく環境をつくる

棚やテーブルには柳宗理のカトラリー、アラビアのカップ、イサム・ノグチの照明と、美しいデザインと使い勝手のよさを兼ね備えた傑作アイテムが並ぶ。その脇には重厚な鉄瓶や北欧デザインの電話機が。

世界中で愛される名品も新しい雑貨も、暮らしのなかで長く使える洗練された魅力をもつものがチョイスされ、趣ある店内空間と調和しているさまは「モノだけでなく、店の内装やインテリアも含めてかたちやデザインを売っていきたい」というデザイナー的視点・思考の表れ。実際、店内の様子を見て自宅の内装を依頼

(右上)大谷石に鎮座する南部鉄器。岩手の伝統工芸が放つモダンデザインに着目し、全国に紹介した。いまや生産が追いつかないほどの注文数という。
(右下)展覧会「漆の設計展」では、12人のデザイナーが石川県の伝統的な漆工芸を使ったプロダクトをデザインした。写真は、シンプルな盃をアクリルの台座に乗せたもの。
(左上)A・ヤコブセンのランプやステンレス製品、A・アアルトの花瓶など、北欧デザイナーの名作がずらりと並ぶ棚。
(左下) 2階では、この日は展覧会の作品が展示されていた。奥は事務所になっている。

厳選したプロダクトとデザインで心地よい生活空間を提案

した人もいるそうだ。

「考える仕事をする人の創造意欲がわいてくる環境をつくりたいですね」

客層はクリエイティブ分野に携わる人々が多い。年に数回はメーカーや外部デザイナーと共同で展示会を開催するなど、幅広くコミュニケーションの輪も広げている。取材当日も漆器の展覧会が催されていた。

インターナショナルな環境で守り育てる日本の伝統

今後は日本の伝統工芸を核とするデザインプロジェクトに、より力を入れていくという。岩手県の特産品である南部鉄器を、モダンな実用品として全国に向け提案したのもdesignshopだ。日本のいいものを海外にもしっかり伝えたい。そんな考えはもちろんだが、それに加えて大切な思いが森さんにはある。

輸入家具を国内に紹介していたサラリーマン時代、日本は海外に押されている、このままでは日本文化が

お店づくりのワザを学べ！

ビル全体の物件取得はどうやって？

designshopのコンセプトとも大きな関わりをもっている建物「白ビル」は3階建てで、最上階には建築やデザインの3つの事務所が入っている。

そのうちの1つである知人の建築事務所とのシェアオフィスを前提に物件を探していた折、改修後のテナント募集を予定していたこの建物と出会う。そこで、建築家とともに低コストでのリノベーションのアイデアを提案したところ、ビルオーナーと意気投合。設計監理まですべて任されての物件取得となった。

ショップのコンセプトの1つである「建物自体をトータルなデザイン・コミュニケーションの空間にしたい」という希望がかなったのは、当初から建築家とデザイナーとのシェアオフィスという方法を選んだことと、改修の話が出たときに積極的にリノベーション提案を行ったことがカギといえる。

人気エリアでの個人による物件取得は、たしかに難しい。しかし安易に妥協せず、アイデアを出し積極的に動けば、可能性は開けてくるのだ。

オンラインショップの運営は？

designshopのオンラインショップでは、商品の写真はもちろん、多くの情報を文章でしっかり説明している。各アイテムの詳細や製作秘話、デザイナーのプロフィールや使い方・楽しみ方の提案、製造元ウェブサイトのURLまでと、いたれりつくせり。購入を考える人にできるだけ商品を理解してもらい、そのうえで来店して確認していただければ、というスタンスだが、扱う商品に対するこのような姿勢は、当然お客さまから信頼される要素の1つとなっている。

実際、来店する人の多くは事前に商品のことをよく調べており、最後に実物にさわって納得して買っていくそうだ。ちなみに売り上げに限っていえば、オンラインショップと実店舗の割合は7：3程度とのこと。

開業資金の内訳は？

店舗取得費	3,500,000円
内装工事費	7,500,000円
備品・什器費	1,000,000円
開業時仕入れ費	1,000,000円
予備費等	2,000,000円
合計	15,000,000円

写真は、左が2階店舗の一部で、右が階段の踊り場。建物の歴史と味わいを生かしつつ、低コストでリノベーションを実現。古いビルに新たな価値を吹き込んでいる。

HISTORY

お店オープンまでの歩み

1998年
ネット上にオンラインショップ「designshop」を立ち上げる。

2001年
原宿にアパレルメーカーとともに、ファッションと雑貨の融合をめざし「designshop」オープン。

2003年
建築家・デザイナーとの協働により、南麻布にある老朽化したビルを「白ビル」としてリノベーション。その後テナントとして入居、現在に至る。

i l l u s t r a t e d

【図解でわかる人気のヒミツ】

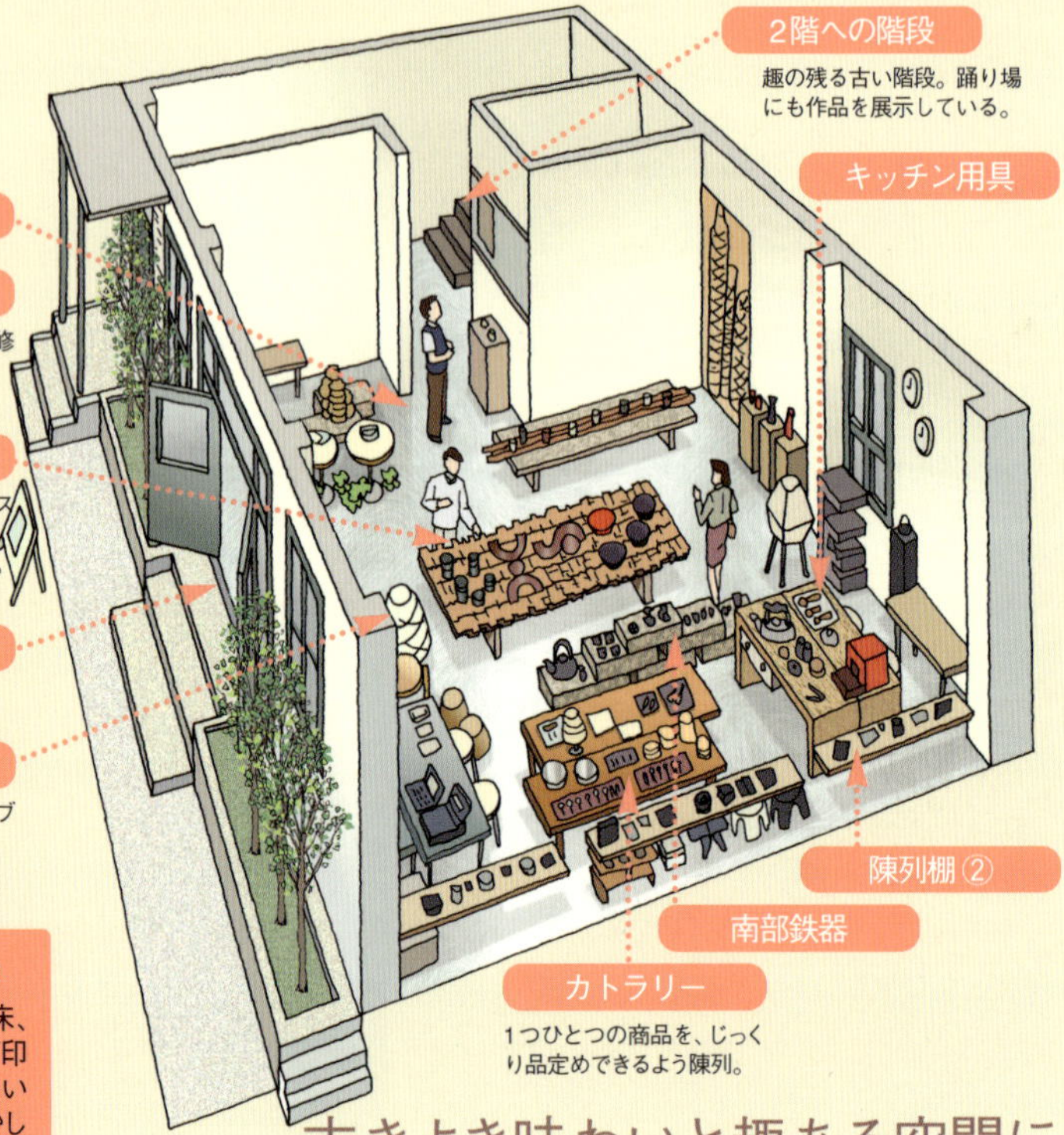

2階への階段
趣の残る古い階段。踊り場にも作品を展示している。
キッチン用具
ギャラリー③
リノベーション
築後40年の古い建物を修理・修復し、新たな居住環境をつくっている。
お勧め商品
普段はお勧め商品の陳列スペースだが、展覧会開催時は、展示スペースに。
開放感①
イサム・ノグチ
世界中で愛される光のオブジェ「AKARIシリーズ」。
陳列棚②
南部鉄器
カトラリー
1つひとつの商品を、じっくり品定めできるよう陳列。

point

白い壁とグレーの床、スチールの窓枠が印象的。洗練されていながら、どこか懐かしさを感じさせる独特の雰囲気が漂う。

古きよき味わいと趣ある空間に「モノ」と「デザイン」が調和する

衰退してしまうのではとの危惧を抱いたという。

「日本のものを大事にしたい、でないとすたれてなくなってしまう。日本にある〝つくる文化〟をユーザーにもっと知ってほしいのです」

つくり手である地域の伝統工芸や町工場の技術、デザイナーによるデザイン、そして売り手であり、企画・商品開発・販売プロデュースにかかわるショップの3者が手を組み、目に見えるかたちでプロダクトを開発し、衰退しかけた日本独自の産業の市場を、単なる商業ベースではなく総合的に広げていきたい。石川県の漆を使った新製品を紹介する今回の展覧会も、その一環なのだ。

ショップがあるのは、各国の大使館が軒を連ねる国際的なエリア・麻布。すでに国際的評価の定まったデザインだけでなく、日本の匠の技を生かした新たな産業を守り育てる、さまざまな可能性に富んだ雑貨店なのである。

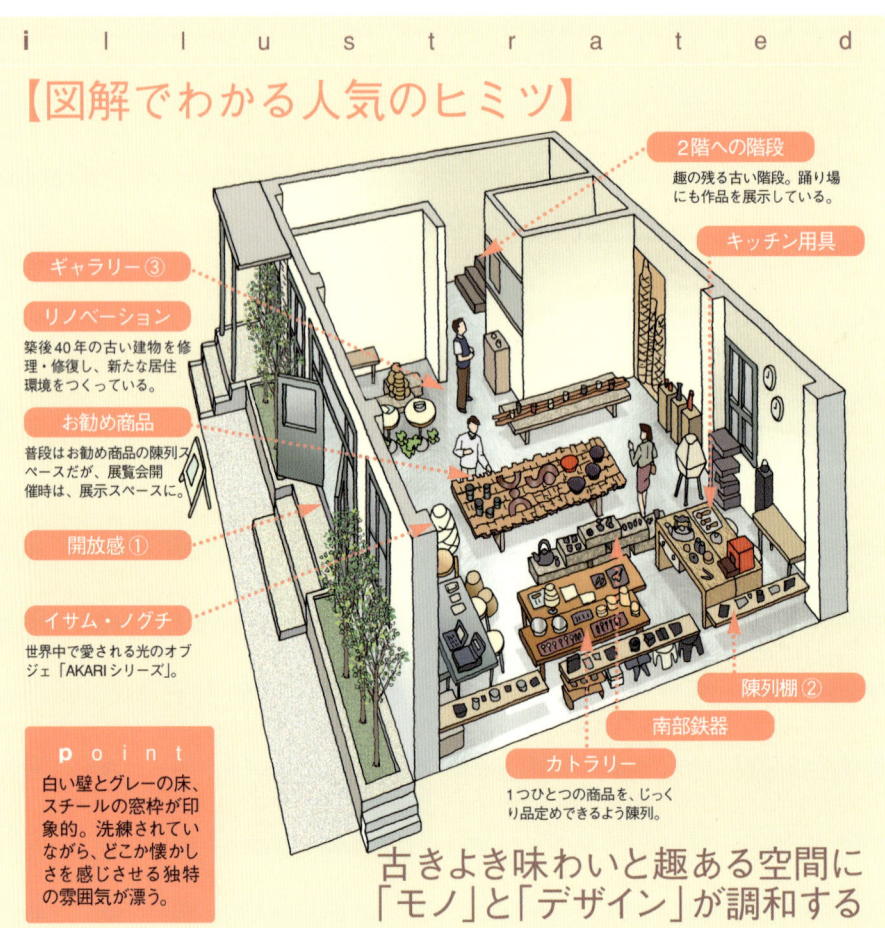

owner's choice

リノベーションって何だろう？

建物が古くなると、構造体が劣化するだけでなく、現代生活にはそぐわない部分が多くなってくる。そこで建物を壊すのではなく、何を残し、何を壊すのか、必要に応じた技術で解決するのがリノベーションといわれる方法だ。リノベーションを行う際は、まず最初に、物件に惚れるぐらいの思い入れがほしいと森さんはいう。

そのメリットは空間をつくり上げる楽しみを見出せること、また設計者とともに空間づくりに参加できること。古い建物の生活空間は無駄がなく、環境にも優しいこと。そして新築では得られない「味わいのある」空間を得られる楽しみもあるというわけだ。

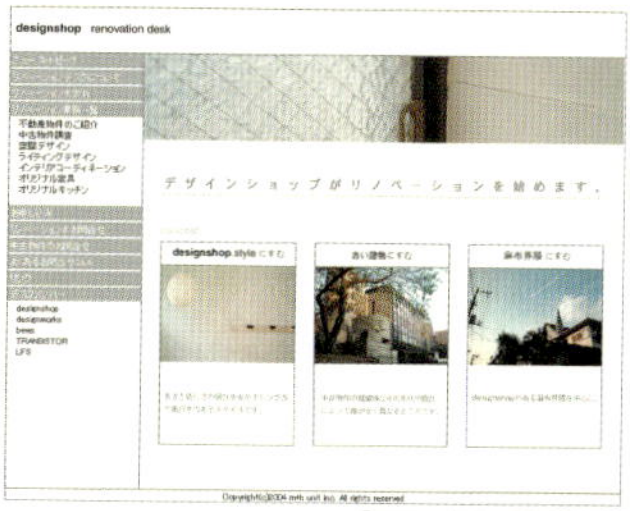

（上）designshopのホームページでは、リノベーションについても詳しく解説している。右はショップのある白ビルのエントランス部。

the shop

❶40年の歳月を経たRC造の建物の古さを、そのまま魅力として残し、リノベーションしている。新築ビルにはない深い趣が住宅街にマッチし、おだやかで開かれた空間となった。

❷壁につくりつけられた棚はあくまでシンプルに、商品そのものを引き立てる。写真はフィンランドのデザイナー、カイ・フランクのグラス類。

❸2階に向かう階段へのアプローチも含めたギャラリー空間。

shop data

designshop
住所／東京都港区南麻布2-1-17 白ビル1・2F
TEL／03-5791-9790
営業時間／11:00～20:00
定休日／木曜
URL／http://www.mh-unit.com/designshop/

designshop オーナーからのメッセージ

なぜお店をやりたいのか、お客さまにきちんと理解してもらえるコンセプト、理由づけをしっかりもったほうがいい。あやふやな気持ちでは成功しないと思います。

「好きなことをやりながら、いろいろな人と会える。それがこの仕事のいいところですね」

夢のあふれるプチミュージアムへ行こう!

あーと屋《や》雑貨《ざっか》店《てん》

東京都新宿区

作品を発表する場が欲しい……そんなアーティストのためにと、自身もデザイナーとして活躍する男性オーナーがオープン。約50名の有名&無名アーティストの作品が集う、遊び心満点の雑貨店だ

都心とは思えない落ち着いた雰囲気の漂う一角……店頭にはかわいいキャラクターが賑やかに。「あ、こんなところに楽しそうなお店があったんだ!」とつい引き寄せられてしまう。それがいっそう印象に残るお店。

オーナーのこだわり

- ……作品とのコミュニケーションを楽しんでもらう。そして、作家のことをもっと知ってほしい。
- ……「見て、触って、楽しめる」ということが必要条件。
- ……商品、お店ともにオリジナリティを重視。ほかにはない個性的なものを追求する。

(右)オーナーが目指したのは、個性ある買い物を楽しむことができる雑貨店。オブジェ、小物、かばん、ポストカードなど、さまざまなアート雑貨がそろう。
(中上)店内の一角には「小さな展覧会」というコーナーがあり、1人のアーティストの作品を紹介・販売したり、1つのテーマで複数の作家作品を販売したりしている。
(左下)作家さんご本人にもっていただいた、人気の「そがまつみかばん」。染めからすべて1人で行うという、文字通り1点もののかばんや雑貨は、温もりのなかに個性も光る。内側のデザインまで楽しめるのは女性ならではの細やかさ。

公園の見える静かな場所に個性的な雑貨店を

「あーと屋雑貨店」の立地として四谷を選んだのは、「30年間住み慣れた場所だから」という理由もあったが、個性的な店舗がより際立つ場所がよかったという、オーナーの森菊五郎さん。

雑貨店が乱立する街では、どんな個性的な店舗でも目立ちにくくなってしまう。その点、ここは大通りから1本入ったところにあり、すぐそばには公園のある比較的静かな環境。

さらに思い描いていた大きさの店舗が近々空きそうだという情報を地元の不動産屋から得たタイミングでお店をオープン。賑やかな通りから少し奥まった場所にあるということで、隠れ家的な存在感を醸し出し、お店の希少性も上がっているとのこと。

パッケージデザイナーとして自らのデザイン事務所を設立し、多数の商品を生み出している森さん。数々の賞も受け、仕事も順調ななか、最初は自ら経営するカフェで作品を置くコーナーをつくろうと思っていたという。しかし、諸事情により断念。やがてカフェも閉店し、その後10年以上は熱い思いも消えたかのようだった。

しかし、森さん自身もアーティスト。依頼者ありきのデザインだけではなく、自分の好きなものをつくり、それを発表する場がほしかった。

当初は「森菊五郎商店」というブランドを立ち上げ、都内の大手雑貨店や書店に売り込み、販路を拡大。そのうちに仕事を通じて知り合った作家にも、自分の作品を発表する場がほしいと思っている人が多いことに気づき、お店をオープンしようとする情熱がよみがえったという。

「作品とコミュニケーションできる店を」という思い

販売する雑貨はほとんどが1点もの。雑貨とはいえ、すべてが作品だ。

店内に陳列される数々の作品は、それぞれがストーリーを語りかけるよう。時間を忘れてアーティストの世界に引き込まれてしまうお客さまも多いとか。美しいワイヤーアート(左下)は、マクドナルドのフリーペーパーでおなじみの藤本かずみさんの作品。NHK「おしゃれ工房」などでも活躍中のリサイクルアートで有名な齋藤美樹さんの作品(右中)も販売されている。また、所々にオーナー自身の作品(左上)も。ほかの作品を見守るようだ。

見て触って楽しめる、心あたたまるアートな雑貨たち

どのアーティストのものも、ほかにはない魅力をもった個性的なものだが、共通しているのは、手にとると思わず笑顔になるような心あたたまる作品が多いこと。

直接、作家が売り込みに来たものもあるが、森さんは都内で行われる個展をまわったり、年に1回全国規模での公募を行ったりして、つねに魅力ある作品を探している。もちろんお店では常時作品を募集中。価格はアーティストがつけた値段だ。

ところで、森さんはパッケージデザインだけではなく、店舗やスペースのデザイン、プロデュースも手がけている。そんな仕事上で出会ったかけがえのない仲間のおかげでオープンできたと語る。

さまざまな場所で出会ったアーティストに作品を提供してもらい、地元の不動産屋には物件情報をいち早く教えてもらったり。もちろんスタッフにもいろんな形で支えられている。

「同じ夢をもち、同じスキルの人間

お店づくりのワザを学べ！

個性的な作品をどうディスプレイするの？

雑貨といえどもここで扱っているのはアーティストの作品。手にとって見たほうがよいものもあれば、少し離れたところから全体を見渡したほうがよいものもある。

また壁沿いに置いたほうがよいものや、窓辺に置いたほうが映えるものなど、それぞれに合った場所に置くことをつねに心がけている。また個性あふれる作品ばかりなので、隣のものとのバランスも考え配置している。

オープン当初は作品もさほど多くなく、小ぢんまりした物件をということで、この場所を選んだそうだが、作品を大切に扱ってくれるこの店に置きたいと希望するアーティストが増えている。オープンから1年半経った現在では、16㎡と決して広くないスペースに500点以上もの商品が並べられているが、不思議と圧迫感がない。

その理由は、高くディスプレイするのは壁面のみにし、中央のディスプレイ台は腰の高さまでにしたことにある。またオープン当初より、什器も必要最小限に抑えている。できるだけたくさんの作品を置きたいが、そのよさが伝わらなければ意味がないと考えた結果だそうだ。

無名アーティストの作品を上手に売るには？

ほとんどが1点ものということで1つひとつにアーティストの思いがこめられている。しかし、つねにアーティスト自身がお店にいるわけではないので、スタッフが成り代わって、その思いや制作活動などを把握し、お客さまに伝える努力をしている。

そうすることにより、アーティストそれぞれに固定客もつき、売り上げにつながっていくとのこと。また、アーティストの資料をファイルにまとめ、自由に閲覧できるようにしている。店内の一角で「小さな展示会」と称してアーティストのコーナーを期間限定で設置することも。

さらに、数人のアーティストで共同展示会を外部で行ったり、ホームページでアーティストの紹介をするなど外部への発信も重要だ。

開業資金の内訳は？

店舗取得費	10,000,000円
内装・什器費	20,000,000円
仕入れ費	10,000,000円
その他（運転資金など）	20,000,000円
合計	60,000,000円

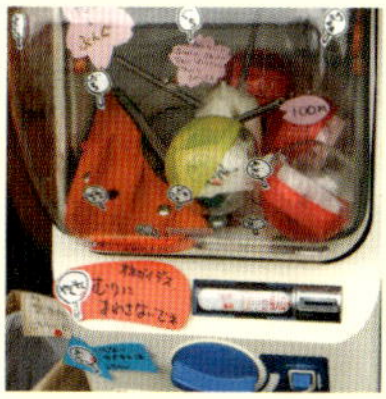

子どもたちに人気のきれいな貝殻は、どの大きさでも20円とお手ごろ価格。森さんの「砂アート」にも使われる、鳥取砂丘の砂を敷き詰めて。

HISTORY お店オープンまでの歩み

1982年
株式会社クリエイトファイブ設立。

1997年ごろ
オリジナルブランド「森菊五郎商店」を立ち上げ、東急ハンズや書籍店などに売り込み、販路を拡大する。

2003年2月
森さん自身や、ほかのアーティストの作品が置ける雑貨店のオープンを計画し、物件探しをはじめる。

2003年12月
オープン。

i l l u s t r a t e d

【図解でわかる人気のヒミツ】

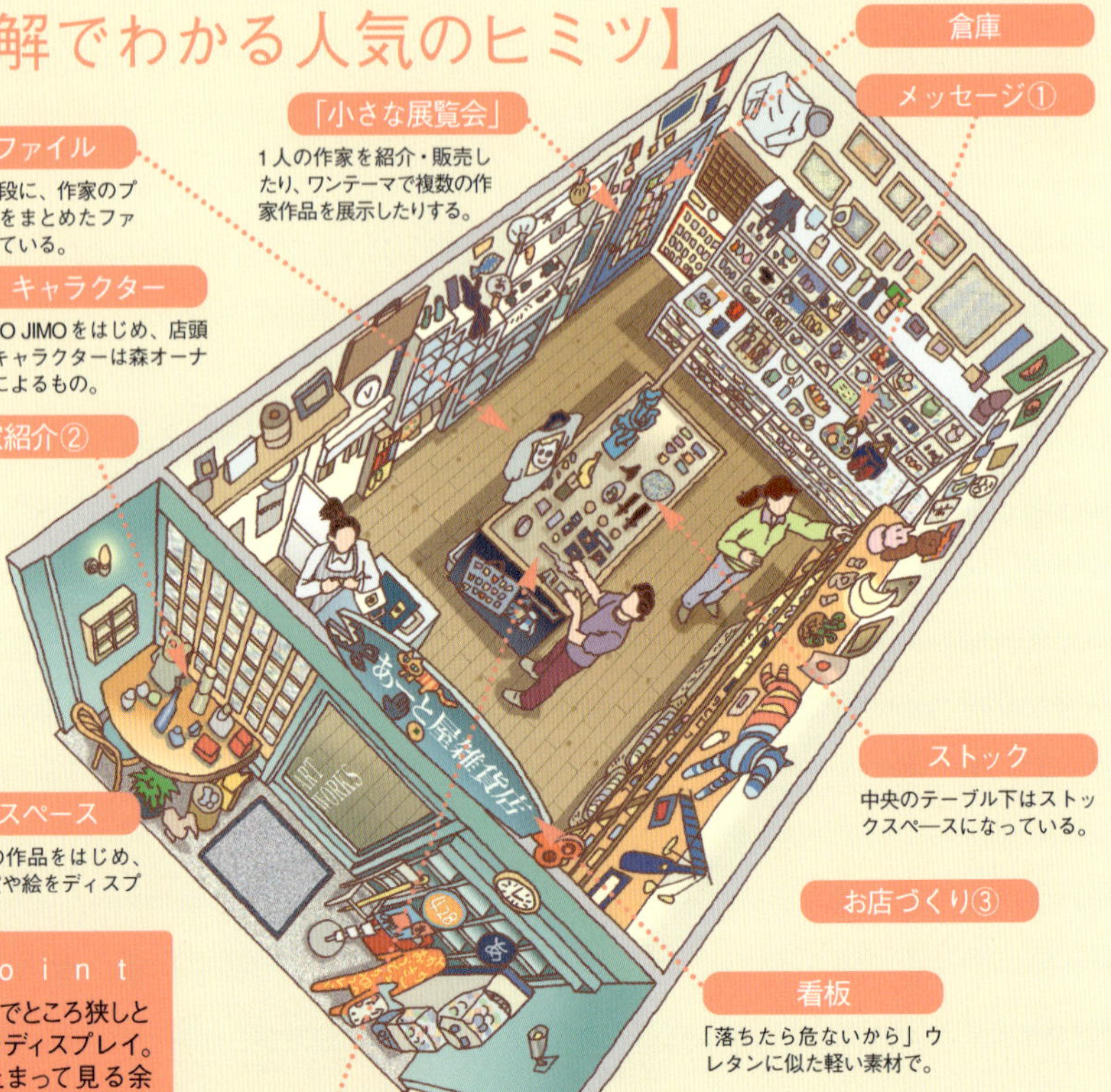

倉庫

メッセージ①

「小さな展覧会」
1人の作家を紹介・販売したり、ワンテーマで複数の作家作品を展示したりする。

作家ファイル
テーブル下段に、作家のプロフィールをまとめたファイルを置いている。

キャラクター
JIMO JIMOをはじめ、店頭のキャラクターは森オーナーによるもの。

作家紹介②

ストック
中央のテーブル下はストックスペ—スになっている。

店頭スペース
オーナーの作品をはじめ、好きな雑貨や絵をディスプレイ。

お店づくり③

看板
「落ちたら危ないから」ウレタンに似た軽い素材で。

point
天井までところ狭しと作品をディスプレイ。立ち止まって見る余裕があるので、じっくり作品とコミュニケーションがとれる。

中央テーブル
木の素材そのものを生かした作風が人気、保田汰美栄さんの作品など。

賑やかに、かつスッキリと。作品の持ち味を生かして

が集まれば、資金が少なくても大きなことができます」と森さん。たくさんのアーティストの作品を扱うようになった現在、すでに一線で活躍している人もいるが、ほかの仕事をしながら自分の好きなものをつくり続けている人も多い。

今後はこれらアーティストを世に送るべくプロモーションも積極的に行っていく予定だ。

「見てもらうことも大切ですが、それが売れればさらにアーティストのモチベーションも上がる。いずれは好きなものをつくりながら生活できるようになれたらいいなと」

現在もホームページでアーティスト紹介をしたり、数人のアーティストが集まっての合同展示会を開いたりしているが、さらに今後は企業への売り込みなども計画している。

これから、どんな作品が生まれ、物語が書き加えられるのか？ 小さな美術館には、見えざる大きな「夢」が掛けられている。

owner's choice

アーティスト、お客さま、そしてお店が共有する「思い」

森さんのお店は、アーティスト、物件を紹介してくれた不動産屋、スタッフ……そんな人々の力があってオープンにこぎつけたという。もちろん長年の実績あっての賜物だろうが、これからお店をはじめようという若い人でも同じ。夢は1人で抱え込まないことも必要だと、森さんは語る。

多くの雑貨店には数々の商品が並べられているが、お客さまにとっては商品の面白さとともに、どんな人がつくっているのかは非常に気になる点だ。アーティスト作品なら、なおさらのこと。作家の顔が見えることで、新たな魅力も加わるに違いない。

オーナー自身が作家である「あーと屋雑貨店」だからこそ、若きアーティストたちの将来にもあたたかな目が注がれるのだろう。

個人向けにオリジナルオブジェを依頼することも可能。また作家の作品などをまとめたファイルが中央テーブルの棚に置かれ、自由に閲覧することができる。

the shop

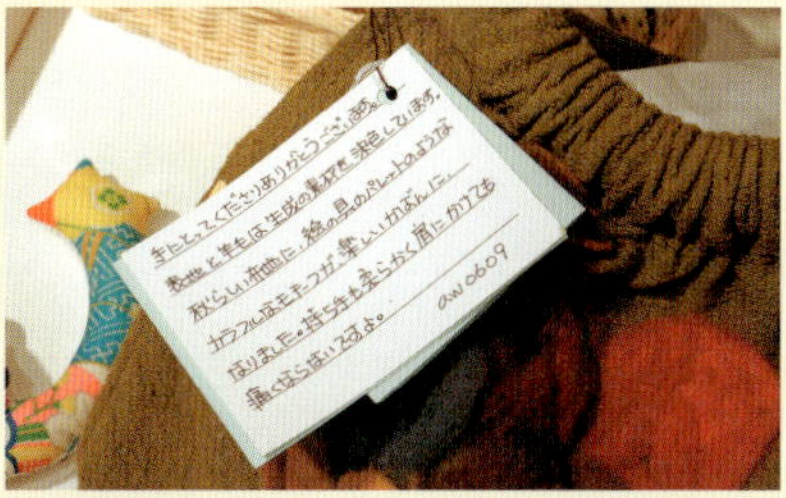

❶お店の売れ筋「そがまつみかばん」に添えられた作者のメッセージは、お客さまに話しかけるように。商品がよいことはもちろんだが、作者の生の声が聞こえることで、より親密感が増すはず。

❷店頭のショーウインドウに貼られた作家を紹介するカード。作家は好きなことをしているには違いないが、「それで生活できればなおよい」（森さん）と、プロモーションも積極的に行っている。

❸キャンバスを思わせる白い陳列棚や壁沿いに作品が並べられる。天井からは大きめの作品が吊るされるが、棚の高さを抑えていることなどにより圧迫感はない。

shop data

あーと屋雑貨店
住所／東京都新宿区三栄町27-1　永田ビル1階
TEL／03-3353-8838
営業時間／11:00～19:00
定休日／日曜・月曜・祝日
URL／http://www.jimojimo.com/art/art.html

あーと屋雑貨店 オーナーからのメッセージ

ものの魅力を理解するためにも、まず雑貨や人が好きなことが絶対条件。才能や友達、環境など、自分の周りにあるものを再確認してみてください。

「お店のオリジナリティとともに、もちろん自分を信じることも大切です」と語るオーナーの森菊五郎さん。

ファイヤーキング、
パイレックスを中心に、
ヴィンテージ雑貨の
定番からレアなものまで、
ジャンルごとにディスプレイ。
最高のコンディションにこだわったアイテムが
連日のようにアメリカから届く。

ファイヤーキングの美品が本日も大量入荷!

DEALERSHIP《ディーラーシップ》
東京都杉並区

オーナーのこだわり

- …什器類はネットオークションやDIYで経費削減。広めのカウンターは荷物を積み上げるためも。
- …ファイヤーキング、パイレックスを中心とする、アメリカンヴィンテージ雑貨。コンディションにこだわり。
- …豊富で状態のよい商品をそろえるとともに、お客さまが選びやすいお店づくりを心がける。

お店の売れ筋は、ジェダイのレギュラー、マクドナルドのアドマグ、ターコイズブルーのレギュラー。店内にはPOPがたくさん貼られ、初心者の選びやすさを重視。2人の共同オーナーによるお店だ。

(右)マグカップ以外にも、プレートなどのテーブルウェア、ブリキ看板、キャラクターものなどが豊富にそろう。買いやすい値段の放出品セールコーナーもある。
(左上)キャラクターものの陳列棚。なかでもスヌーピーマグが超人気商品になっている。
(左下)毎日丁寧に磨きあげ、どのマグもピカピカな状態を保っている。

お客さまの視点に立って商品を選びやすいお店づくり

高円寺パル商店街の路地を入ると、すぐに「DEALERSHIP」の看板が目に入る。店内にはファイヤーキングやパイレックスなど、アメリカで40～70年代に製造されたマグカップ、アドバタイジングもの、いま見ても斬新なエアラインバッグ、どこか懐かしいキャラクターが数多く並ぶ。

壁面に並べられた陳列棚は、それぞれジャンル分けされ、商品がぎっしりとつまっている。ワゴンにはお手ごろ価格で買えるものもあり、マニアならずとも時間を忘れて目を楽しませることができる。

お店を経営するのは、井川雄太さんと伊藤聡さん。2004年12月に独立するまではレンタルビデオ・CD販売チェーンの店長として、物販の仕事などにも携わっていた。お店を開店するにあたっては、お互いに好きなものを、ということでファイヤーキングに特化した商品構成に。

ファイヤーキングとは、1930年代初頭に誕生したアンカーホッキング社が、42～76年まで製造していた耐熱ミルクガラスの食器ブランド。その独特の手触りは使い心地がよく、また耐久性にもすぐれている。シンプルなものからカラフルなものまで、種類も豊富にあり、集めがいがあるというコレクターの心をくすぐるラインナップである。

そのせいもあって、生産終了後もアメリカでは人気が衰えず、近年では日本にも多くのコレクターがいるという。オーナーの伊藤さんも、そんなファイヤーキングの製品にみせられた1人だ。

神秘的な翡翠色のジェダイシリーズから、プリントものやキャラクター、企業ものまで、約500種類のさまざまなマグ1つひとつには値段とともにコンディションを表示。

「こうしたマグできれいに残っているものはあまり多くないんです。お

（右上）ファイヤーキングなどのレアな人気マグは１個数万円するものも珍しくないが、手を出しやすい放出セールコーナーも設け、若いお客さまに人気。／（右下）お勧め商品の1つ、ストライプといえばヘーゼルアトラス。ぽってりとしたフォルムは使い心地もいい。／（中上）壁に掛かるのはブリキ看板、ライフフレーム。手前は売れ筋のグラスベイク。／（中下）ヴィンテージ品でもあるカウンター内には高価な商品を。／（左上下）灰皿やリトルタイクスなどのオモチャ、キャラクターも。

コンディションにこだわった
ピカピカのヴィンテージ雑貨たち

店によってコンディションに対する評価に差はありますが、当店では比較的きれいなものを扱うようにしています。お客さまに心から満足していただきたいですから」

　DEALERSHIPではアイテムのコンディションを4段階に分けている。デッドストックおよび未使用のアイテムを5つ星の「ミント」、使用感があまり感じられず、美しい状態を保ったままのアイテムを4つ星の「エクセレント」など、お客さまの視点に立った基準だ。

　店内のあちこちには手描きPOPが貼られ、コンディションについての説明、商品の来歴、マグの底にあるバックスタンプ（刻印）による製造年代の見方など、商品知識のない人にも親切な説明がされる。

　お店の奥は、ちょっと独立した部屋のような空間になっているが、それもお客さまに落ち着いて見てもらえるようにとの配慮からだ。

お店づくりのワザを学べ！

立地を高円寺にしたのは？

物件探しをはじめた当初は、下北沢、自由が丘、吉祥寺なども候補にしていたが、結局予算が折り合わずたどりついたのが高円寺だった。

もともと雑貨店が多く、マニア向けのお店が多い街だけに遠くからも来店客がある。お客さまの男女比は女性7：男性3だが、コレクターには男性が多い。また年齢層は10～50代くらいまで。

お店をはじめる前にしたことは？

お店をはじめるにあたっては、半年くらいかけて都内のいろいろな雑貨店めぐりをしたという。「違うジャンルのお店も見て回りましたね。マネできるところはマネし、駄目なところも参考にしました」

また、棚や什器などにかける費用を抑えるためにネットオークションに参加。アメリカンヴィンテージのショーケースを2万円で入手。内装、棚ともに手づくりによる部分がほとんど。

2人の役割分担はどうなっているの？

井川さんが仕入れや商品撮影、コメント作成、伊藤さんがホームページのデザイン、商品の画像加工、データのアップなどを担当している。実店舗とオンラインショップの売り上げの割合は半々くらいだが、写真にコメントを添えたりする作業に時間がかかり、深夜におよぶことも。

将来は、コンセプトの違うセレクト雑貨のお店を開くなど、多店舗展開を構想しているという。

商品の仕入れはどうしているの？

日本人の感性を理解してくれるアメリカ人ディーラーを見つけるまでは、何百人ものディーラーと取り引きした。現在は、現地の提携ディーラーとのメールでのやりとりが中心で、そのほかに年に1～2回、アメリカに買い付けに行っている。

なお、ファイヤーキングに手が出ないという若いお客さまのために、安価な新品雑貨も置いている。こちらは国内の問屋から仕入れている。

開業資金の内訳は？

店舗取得費	1,000,000円
仕入れ費	3,300,000円
現地視察費	200,000円
内装・外装工事費	500,000円
備品・什器類	500,000円
運転資金	500,000円
合計	6,000,000円

女性客も多く買いに来るとあってか、ラッピングにオリジナリティをもたせようと苦労。ほかの雑貨店でわざわざラッピングしてもらったりして学んだという。

HISTORY お店オープンまでの歩み

2004年4月
国内のショップを視察。

2004年5月
現地のディーラーと取り引きを開始。在庫を集める。

2004年9月
高円寺に現物件を見つけ、契約。

2004年10月
内装・外装（看板など）の工事にかかる。下旬からオンラインショップの立ち上げを準備。

2004年11月
前月末から国内の問屋から新品雑貨の仕入れを開始。中旬にはアメリカの視察を兼ねて仕入れに飛ぶ。下旬に備品購入、宣伝などの最終調整。

2004年12月
オープン。

illustrated

【図解でわかる人気のヒミツ】

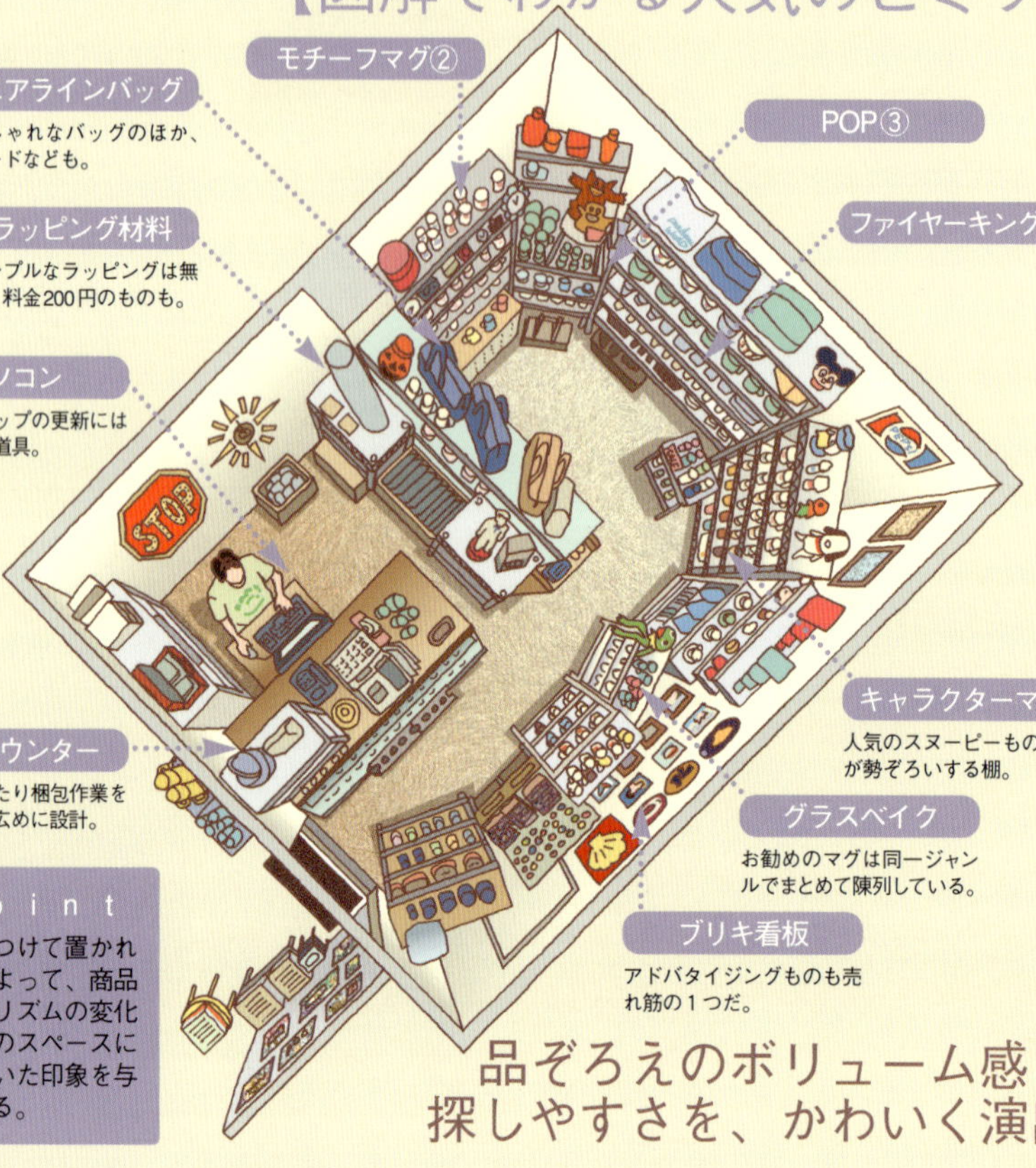

エアラインバッグ
おしゃれなバッグのほか、カードなども。

ラッピング材料
シンプルなラッピングは無料。料金200円のものも。

パソコン
ネットショップの更新には欠かせない道具。

レジカウンター
在庫を置いたり梱包作業をするため、広めに設計。

モチーフマグ②

POP③

ファイヤーキング①

キャラクターマグ
人気のスヌーピーものなどが勢ぞろいする棚。

グラスベイク
お勧めのマグは同一ジャンルでまとめて陳列している。

ブリキ看板
アドバタイジングものも売れ筋の1つだ。

point
角度をつけて置かれた棚によって、商品選びにリズムの変化と、奥のスペースに落ち着いた印象を与えている。

品ぞろえのボリューム感と探しやすさを、かわいく演出

商品とお客さまに対する誇りを大切に

アメリカのディーラーからは毎月約300個のマグが届く。現在は数人と契約しているが、ちょっとした傷にも神経を尖らせる日本人との意識の違いは悩みのタネ。

「何百人というディーラーと取り引きし、日本人の基準を理解できる人をやっと見つけました。いまではアメリカと日本のお客さまとのつなぎ役になることができたと思います」

どれもピカピカのマグは、何十年も前にできたとは思えないほど。それも2人が毎日、丁寧に磨いているからだ。洗剤のいらないスポンジで汚れを落とし、クリーナーをかけて柔らかい布でやさしく拭きあげる。

「DEALERSHIPという店名は、響きが気に入っていると同時に、ワールドワイドな橋渡し役になりたいという思いから。商人としての誇りを胸に船出する気分。それをいつまでも大切にしたいですね」

owner's choice

初心者にも親切な コンディションについての説明

「ファイヤーキングに囲まれて暮らしたい！」というほどのマニアも多い商品だけに、その存在感は初心者にも伝わってくる。普段使いしてもよし、ミッドセンチュリーなインテリアアイテムとしても人気が高いという。

ファイヤーキングは、耐熱ガラス製品で丈夫ではあるが、落としたり強い衝撃を与えると、欠けたり割れてしまったりすることも。DEALERSHIPでは、「クラック（ひび）」「チップ（欠け）」「ペイントロス（プリント柄の剥がれ）」などを細かくチェックし、お客さまが納得したうえで購入してもらっている。

また、時代によって底の刻印にさまざまな種類があり、時代別に探してみるのもおもしろいとPOPでも提案している。

商品のコンディションについて明示するPOPで、お客さまの商品選びの参考にしてもらっている。また、マグの底のバックプリント（刻印）をイラスト化し、レアものを見つける楽しさも演出。

the shop

❶奥の空間はすべてファイヤーキングの棚。わかりやすくジャンル分けされていて探しやすい。

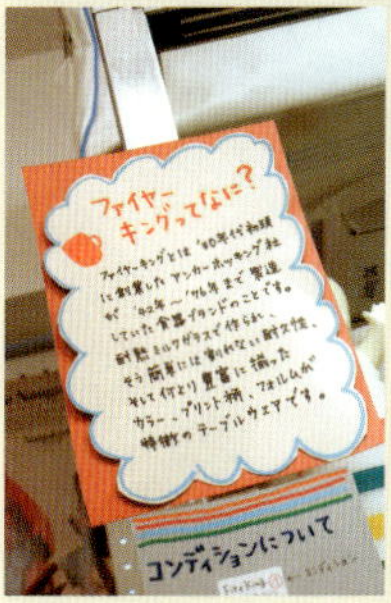

❸コレクター向けになりがちなアイテムには、POPをたくさん貼り、より多くの人にアピールする姿勢が見える。

❷花や果実、楽しい絵柄がカラフルにプリントされたモチーフマグの棚。ジェダイなどとともに人気が高い。

shop data

DEALERSHIP
住所／東京都杉並区高円寺南3-45-13-202
TEL／03-3314-7460
営業時間／12:00～21:00
定休日／無休
URL／http://www.dealer-ship.com/

DEALERSHIP オーナーからのメッセージ

共同経営のお店では、意見が食いちがうときもお互いに納得できるまで話し合いをすることが大切です。きちんと役割分担しないと大変ですよ。

「ファイヤーキングの注目度は、年々高まるばかり。いまもなお愛好者は増えつづけていますよ」

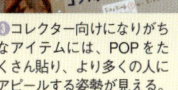

不思議雑貨＆古着の小宇宙

店の外まであふれ出す、カラフルな雑貨と古着たち。
大好きなものばかりを集めたポップで気取らないその世界は、
一度は訪れてみたい！という全国のファンに注目を浴びている。

オニグンソー

東京都武蔵野市

一歩足を踏み入れると、モノの密度の濃さに圧倒される。あらゆる場所に商品があり、しかも不思議なものやレアものばかり。まるで迷路のような楽しさを演出することで、一見雑然とした店内を魅力ある空間にしている。

オーナーのこだわり

…繁華街ではない、
人通りのある路地裏の物件を探した。

…ディスプレイを迷路的にして、どこに目をやっても
何かがある、という印象にしている。

…扱うのはあくまでも自分が好きな商品。
他店ではあまり目にしないものを多くそろえる。

(右)店内を埋め尽くす、不思議雑貨たち。古着の流行もつねにチェックを欠かさない。
(左上)店舗前のスペースにあふれる商品が、通りがかりの人の目を奪う。
(左下)入ってすぐの右手は、アクセサリーやマスコット小物の棚。

「夢と勢い」を頼りに脱サラでショップ開業

ひっくり返ったおもちゃ箱のような店。「オニグンソー」をひと言で表現すればこうなるだろう。カラフルで多種多様の雑貨と古着は、店の外まであふれ出している。そして、ここにはいったい何があるの？　そう気になって、思わず足を止めてしまいたくなる。

そんなお店のオーナー、池田達哉さんは、元広告代理店の営業マン。当時取引先だったショップを、若いオーナーが経営している姿を見て、もともと好きだった雑貨への気持ちが膨らみ、脱サラして開業することを決意した。

「11月末までサラリーマンで、お店のオープンは翌年のお正月。ほんとに〝勢い〟ではじめました」

たしかに驚きのスピード開業だ。コミカルな店名は好きな歌の歌詞から。一度聞けば忘れない強い印象と響きが気に入っているという。

カジュアルな低コスト店舗に個性的なレア商品を満載

「基本的に自分が好きなものを置き、自分が人にされたい接客をしようと考えています」

という自然体の池田さんにふさわしく、店内はいたって気のおけない雰囲気。

外置きの商品の間をかき分けるようにして店内に入ると、1人がやっと通れる程度の通路の両脇を、ポップでカジュアルな雑貨と古着が天井から足下まで埋め尽くす。しかも、よそではあまり目にしない個性的な商品がほとんどだ。

「店内のどこに目をやっても〝何、これ？〟と驚かせ、しかも〝でもいらないよね～〟と思わせるものをそろえるようにしています」

意図的に雑然とさせたディスプレイも、なるべく長く店内で楽しんでもらえるように、との考えだ。

「店の前と道路の間に商品が置けること」「土地勘のある吉祥寺にある

オニグンソーでは、雑貨も古着も「定番商品」をつくらない。売れ筋商品は確かにあるが、全部売り切ってしまったら、次は別の商品を入れて新鮮さを保っている。お客さまは、来るたびに違う商品に出会える醍醐味があり、それを楽しみにしている人も多い。

定番商品をつくらないから、いつ来ても新鮮な出会いがある

こと」「保証金が不要」という3つの要素がそろった店舗の内装は、壁は自分で黄色に塗り、床のリノリウムは取得当初のまま。什器は「ご自由にお持ちください」と貼り紙つきで放置されていた不要品をもらいうけ、ペイントしてリサイクルと、徹底して経費を抑えた。

独自の経営感覚が支える「売れるものより好きなもの」

「売れる商品よりも、まず自分の好きなものを置くのがモットー」という池田さんだが、その姿勢を支えるのは的確な経営感覚。

オープン後しばらくは、昼食は自宅からおにぎりを持参し、少し余裕が出てからも、節約した分は全部仕入れ費に回したという。

現在は、独自の人脈を駆使してアメリカのフリーマーケットを買いつけの場にし、他店にはなかなか入らない商品を手に入れている。

また、通常はロットで卸してもら

お店づくりのワザを学べ！

アメリカからの仕入れはどうしているの？

「国内オンリー」の仕入れだけに頼ると、やはりレア度に限界がある。そこで、池田さんはアメリカ西海岸で毎週のように行われている中古品のフリーマーケットに注目。

池田さん自身による買い付けは頻繁にはできないため、地元在住の友人から情報を得たり、渡米時に知り合った複数のバイヤーとコネクションをつくることで、毎月仕入れができるようにした。

古着も、さまざまなルートを探しだし、そこから自分でいいと思うもののみをチョイスして店頭におく。いまひとつと感じるものは、お買い得コーナーに回すことも。

立地はどう決めたの？

池田さんはもともと「開業するなら路地裏」と考えていたが、それはあくまでも「人通りのある路地裏」であることが前提。雰囲気がよくても、めったに人が通らない路地はショップには不向きだ。オニグンソーの店舗があるマンションは通りから１本入っているが、一階部分のほとんどに雑貨店がテナントとして入っており、雑貨ショップ村ともいえるエリアを形成しているため、人がやってくる。

また古着を扱う場合、ユーザーにはいくつかの店舗をはしごして回るコースがあるので、それを調べて店舗と店舗の間に出店することも１つの方法だ。

商品の陳列で気をつけたことは？

お客さまに「店内で長く楽しんでもらいたい」との思いから、なるべく多くの商品を陳列しようと考えていた。多種多様のアメリカ雑貨を扱うというコンセプトもあり、店内にはところ狭しと商品を陳列している。お客さまの目を飽きさせないという配慮でもある。

また、商品の入れ替えを頻繁に行うことで、いつ来てもある意味での新鮮さを保つことにも成功している。どこに目を向けても何かがある空間づくりは、お客さまの評判もいい。

開業資金の内訳は？

店舗取得費	540,000円
	（保証金なし、家賃90,000円×６か月分）
什器・内装費	100,000円
仕入れ費	1,000,000円
雑費	100,000円
合計	1,740,000円

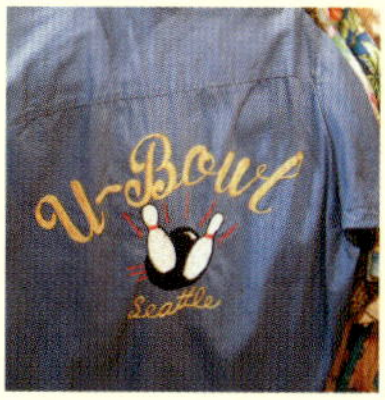

数年前から仕入れを続け、最近ついにブレイクしたアメコミキャラ「スポンジボブ」関連商品（右）はオニグンソーのイチオシ！

HISTORY

お店オープンまでの歩み

2000年8月
営業先の雑貨を扱うバイク店などを回るうち、脱サラしての開業を考えはじめる。

2000年10月
店舗物件を探しはじめる。

2000年11月
店舗取得。

2000年11月末
勤務先の広告代理店を退職。

2001年1月
オープン。

i l l u s t r a t e d

【図解でわかる人気のヒミツ】

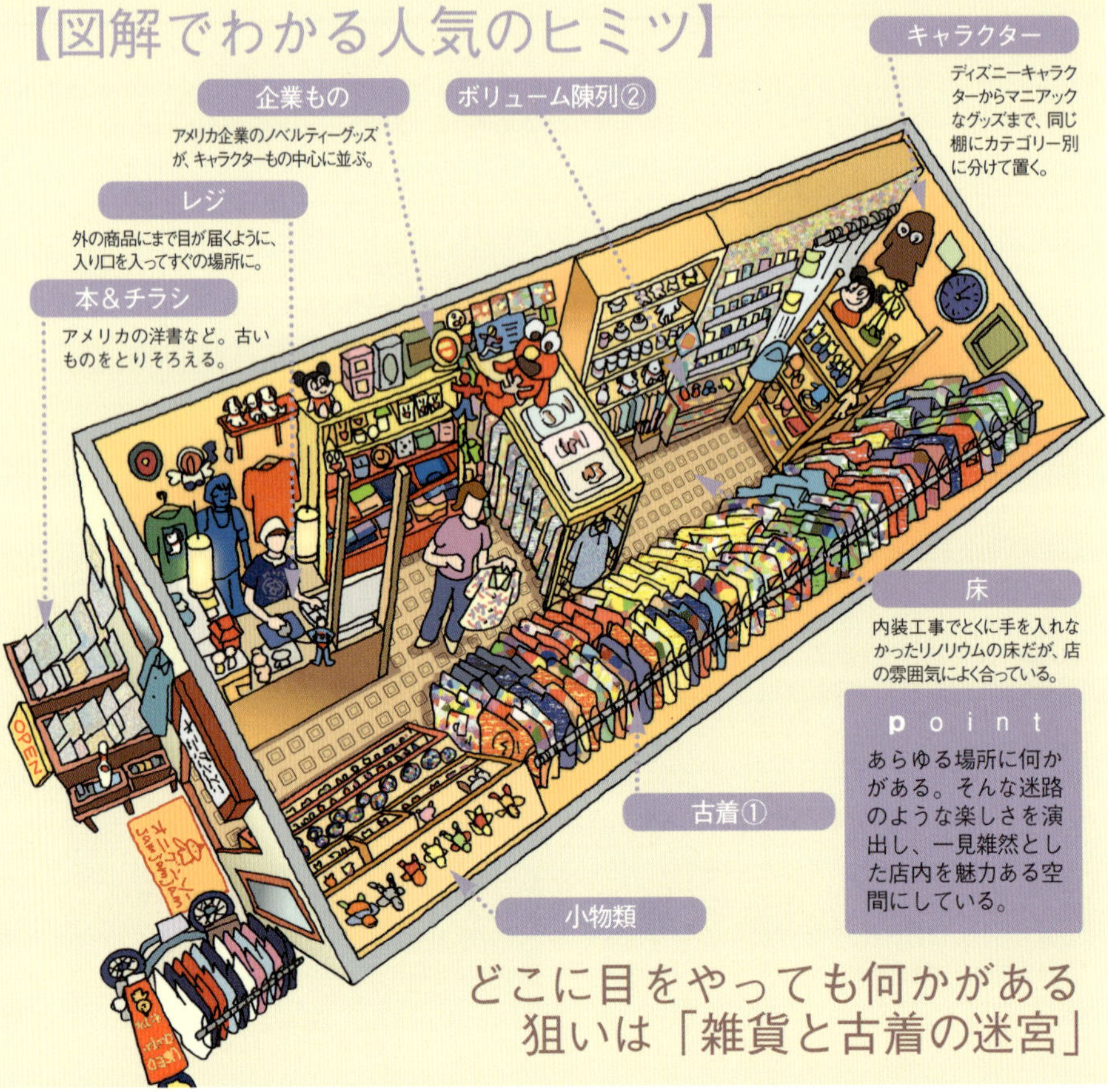
キャラクター
ディズニーキャラクターからマニアックなグッズまで、同じ棚にカテゴリー別に分けて置く。
企業もの
アメリカ企業のノベルティーグッズが、キャラクターもの中心に並ぶ。
ボリューム陳列②
レジ
外の商品にまで目が届くように、入り口を入ってすぐの場所に。
本&チラシ
アメリカの洋書など。古いものをとりそろえる。
床
内装工事でとくに手を入れなかったリノリウムの床だが、店の雰囲気によく合っている。
古着①
小物類
OPEN

point

あらゆる場所に何かがある。そんな迷路のような楽しさを演出し、一見雑然とした店内を魅力ある空間にしている。

どこに目をやっても何かがある 狙いは「雑貨と古着の迷宮」

う新品国内雑貨も、チャンスがあれば頼み込んで少数仕入れにするなど、仕入れの努力は欠かさない。好きなものを扱いつつ趣味の世界とは一線を画すプロとして、日々の経営努力と工夫は怠らないのだ。

「好きなものと、利益の上がるものの両方を置くことが経営的には大事だと思います。うちの場合、雑貨よりも古着のほうがずっと利益が出ますが、好きなものを置くという部分ではどちらも変わらない。古着が好きで助かりました」

「勢い」ではじめたショップには毎日、ホームページを見た全国のお客さまから、「がんばってね!」「いつかお店に行きたいです」といったメールが届く。「ホームページを見てきました」と実際に来店する人もいる。そんなときが一番うれしいと、やさしいオニグンソー氏はちょっと照れくさそうに笑う。

実店舗の迫力は、ネット上では味わえない大きな魅力に違いない。

owner's choice

見栄えにはこだわらない 手づくり看板や陳列棚たち

物件取得から内装まで、経費は徹底して抑えた池田さん。陳列棚、看板などは、街角に放置されていたものにペンキを塗った程度でリサイクル活用している。荷造り用の木箱などは、強度もあるのでどんなものでも置くことができる。小さな箱などと組み合わせ、立体的に見せると、より効果的だ。

中古リサイクルは、ちょっと気が引けるという人でも、たとえばホームセンターなどにある組み立て式のラックや、スノコを購入し、DIY感覚でつくってみると面白いかも。

ちょっとぐらい曲がってしまっても、それがかえって味わいになったりすることもあるし、置きたい商品に合わせて棚がつくれるのでスペースも有効活用できる。

オニグンソーのユニークな看板類と、リサイクル活用した陳列棚。業者につくらせた無機質な看板などよりも、かえって目を引きそうだ。

the shop

❶棚も壁も覆い隠す、おびただしい数の商品が、掘り出し物を見つけ出す楽しさを演出する。古着はバンドTシャツからアウターまで、豊富な数を一堂に配置。

❷天井にも商品がいっぱい。ホームページでも紹介している「オーナーお勧め」商品は、奥に長い店舗のなかでも手前のスペースに。

shop data

オニグンソー
住所／東京都武蔵野市吉祥寺本町1-28-3 ジャルダン吉祥寺117
TEL／0422-21-3898
営業時間／11:30～20:00
定休日／不定期
URL／http://www.onigunso.jp/

オニグンソー オーナーからのメッセージ

開業は、ある程度の「勢い」を勧めます。指南本は読みすぎず、話を聞くのなら実際に開業している人がいいと思います。

「ホームページを見て来店してくれるお客さまも多い。そういう人たちにも来てよかったと思ってもらえるようなお店にしたいですね」

ALOHA SPIRITとともに届けられる ロコ作家のハンドメイド商品

シンプルな店内に
常夏の島から届いた
ハンドメイド作品の数々。
マウイを愛し抜いたオーナーが
発信する商品と現地情報は
MAUI NO KA OI！
（マウイが一番）の心で
満ちあふれている。

Love《ラブ》 MAUI《マウイ》

東京都武蔵野市

オーナーの住友玲子さんは、日本語と英語を自在に操るマルチコミュニケーター。国際結婚式やイベントのＭＣ、通訳などでも活躍。お店はハワイ・モロカイ島観光協会公認の観光ガイド情報拠点にもなっている。

オーナーのこだわり

- 棚は両壁面だけ。中央にスペースをとり、開放感を大切にする。
- 観光情報を求める人向けに、ハワイ関連のパンフレットや絵はがきもいっぱい。
- 商品はマウイ島・モロカイ島在住のアーティストがつくるハンドメイドの１点ものばかり。

(右)白を基調にまとめた店内では、お客さまとの会話もゆったり弾む。／(左の上2点)トロピカルムード満点のショーウインドウ。お店主催のハワイアンキルト教室もあり、初心者向けの課題を制作。／(下)ハーブサプリメント「マウイノニ」を開発したモニス博士を紹介するPOP。

島のすばらしさを伝えたいと二足のわらじをはいて開業

ハワイのマウイ島、モロカイ島在住のアーティストたちのハンドメイド作品が並ぶレアなハワイアン雑貨のお店「Ｌｏｖｅ ＭＡＵＩ」。

「商品を通じて、作品にこめられた島と作家たちのスピリットをこのお店から発信したいんです」と、オーナーの住友玲子さん。

結婚式やイベントでのバイリンガルMCや通訳などで、すでに活躍していた住友さんがショップをはじめたきっかけは、休暇で訪れたハワイ・モロカイ島との出会い。その自然の美しさと人々のやさしさ、アーティスト作品の素晴らしさに感動し、これをなんとか日本で紹介したいという思いが高じた結果だった。

2000年にオンラインショップの立ち上げ。その後、問い合わせや商品の在庫が増え、またボランティアではじめたモロカイ島ガイドとしての情報発信の拠点も必要となり、4年後には吉祥寺に実店舗をかまえた。お店とMC二足のわらじ、加えてフレンチアメリカンの青年との間に授かった息子ロニー君を育てるシングルマザーでもある住友さん。

「MCの仕事は週末と夜が中心なので、昼間の店番には問題なし。子どもがいると、子連れのお客さまが来たときに子ども同士で遊ぶのでお母さんはゆっくり買い物できます。フレンドリーな雰囲気にもなるので、それを大切にしていますね」

ハンドメイド作品を通してアーティストと心をつなぐ

バッグ、ファッションジュエリー、ボディケアグッズからアート作品まで、扱う商品はほぼすべてがハンドメイドの1点もの。

「よくあるイメージの〝日本化されたハワイ〟でない本当のハワイを、レアなハンドメイド作品を通して紹介したいと思っています」

30人を数えるアーティストは全

(右上)世界一小さな貝でつくった美しいハワイアンジュエリー。／(右下)貴重な大きさのプカシェルでつくったネックレスと、左は木の実のジュエリー。／(左上)天然水が湧き出るイアオでつくられたナチュラルソープのシリーズ。／(左中)人気のアロマキャンドルはアーティストのロゴマークラベルつき。／(左下)キルトのパターンをモチーフにしたTシャツ。

素朴で、どこか懐かしい ハワイの大自然からの贈り物

員、現地で住友さんが直接出会い、話をして取り引きを決めた人々だ。業者としてでなく人間同士としてつきあい、年に1度は必ずハワイに飛んで1人ひとりと交流を深める。

大きくて重い木彫りや、こわれやすい作品など輸送時の料金や安全性に問題があるもの以外、作品は基本的に全部受け入れる。ニーズに合わせた商品企画も行っており、アーティストに注文してつくってもらったA4ファイルが入るスクールバッグは人気商品の1つとなっている。

利益よりもフレンドリーな人づきあいを大切に

ディープなハワイを求めてお店にやってくる人々とのふれあいも住友さんが大切にしているものの1つ。

常連さん、一見さんに限らず、お客さまとはしばしば話し込み、作品に感動してもらったり、モロカイ島について紹介するのが一番うれしいという。取材中、結婚式用アクセサ

お店づくりのワザを学べ！

商品はどうやって日本向けにするの？

アーティストから送られてくるハンドメイド商品は、じつはほとんど個別包装されていない。バスソルトやアロマキャンドルは大きな袋にそのまま詰め込まれ、ボディケア用品のラベルも現地の英語表記のものが貼ってあるだけ。

通常の輸入雑貨のお店では、梱包を解いて商品をそのまま棚に並べるため、ラベルを見ても「これって何？　どう使うの？」と、お客さまが疑問に思うこともしばしばだが、Love MAUIでは日本に到着した時点で個別包装する。

フレグランスオイルのボトルにはかわいいリボンをあしらい、アーティスト個人のロゴマークが入ったラベルを貼りつけたり、また日本語表記や使用法の日本語訳をつけ加えたり。住友さんは、このような日本的気配りが大事という。

お店づくりのポイント

決して広くはない店内だが、開放感を大切にし、棚は両側の壁だけに置いて、中央はすっきりとスペースを確保している。

以前は真ん中にも低い棚を置いていたというが、どうしても狭くなりゆっくり商品を見ることができないため、思い切って撤去。お客さまにゆったり店内で過ごしてもらうことにした。そのためか、滞留時間の長いお客さまが、以前より多くなった。

店内は明るさを考えて壁は白くし、照明はダウンライトと蛍光灯を併用している。また、雰囲気づくりの工夫として、入り口を入ってすぐの棚にはフレグランスオイルやアロマキャンドルなど香り系商品のコーナーにしている。

観光情報ステーションの機能って何？

Love MAUIはモロカイ島観光協会公認の観光ガイド拠点でもある。マウイ島、モロカイ島のほか、ハワイ全般の観光関連情報を発信している。

レジの前は情報コーナーになっており、チラシやパンフレットや絵はがきが手に入る。希望者には個人手配旅行のアドバイスも行っている。

開業資金の内訳は？

店舗取得費	540,000円
（保証金なし、家賃9万円×6カ月分）	
什器・内装費	500,000円
仕入れ費用	1,000,000円
雑費	500,000円
合計	2,540,000円

オープン時にモロカイ島のアーティストがお祝いに贈ってくれたココナッツが、いまも大切に飾られている。

HISTORY

お店オープンまでの歩み

1999年
休暇でモロカイ島を訪れ、その自然のすばらしさと人々のやさしさに感動。ローカルアーティストのつくる作品を、日本に紹介できないかと考えはじめる。

2000年
出産後、ハワイを何度となく訪れ、マウイ島、モロカイ島の自然や人々に心惹かれる。

2000年秋
オンラインショップ「Love MAUI」および観光案内サイト「Love MOLOKA'I」を立ち上げる。

2004年3月
オープン。

illustrated

【図解でわかる人気のヒミツ】

ハワイアンキルト
現在、月2回ハワイアンキルト教室を開催。ウクレレ教室もある。

サプリメント
ハワイのアロエ「マウイ・ノイ」を原料にしたものが中心。

フレグランス
フレグランスオイル、アロマソルト、ココナッツキャンドルなどがそろう。

店頭スペース
1階にたくさんの雑貨ショップが入っているので、マンション名から「ジャルダンズ」と呼ばれる。

接客①

観光情報③

ファブリック
キルティング加工したブランケットなど。

アクセサリー
世界で一番小さいシェルでつくったジュエリーが人気。

ショーウインドウ
素朴なハワイを感じさせる飾りつけ。

バッグ②

point
入り口のすぐ左手は「香り系コーナー」。バッグ、アクセサリーなどのほか、スピリチュアルなアート作品も売れ筋だ。

アーティストの息吹が宿る作品をゆったり選べるよう開放的に

リーを見にたまたま訪れた2人組の女性客に、とっておきのハワイアンジュエリーを見せながら談笑するその姿は、本当に幸せそうだ。

「お客さまがひと味違うハワイを感じてくれたり、もっと知りたいとパンフレットを持ち帰ってくれたりするのがとてもうれしいです。コミュニケーションを大事にしたい、それがお店の利益にもつながるはずだから。絶対に何か買わないと、ではなくお客さまに気軽に遊びにきていただける環境づくりをしています。」

そんな住友さんにとってこのお店は、作品販売を通してハワイの人々に貢献し、またマウイ島移住に向けてのビジネスビザ取得の布石としても大きな意味をもっている。

マウイ島の大気のなかがもっとも自分らしく生きられる、と住友さん。小さな店内は、島で古くからいい習わされてきた「MAUI NO KAOI！（マウイが一番）」のスピリットで満ちあふれている。

owner's choice

海外ハンドメイド作品ならではの悩みとは？

1つとして同じものがないのがハンドメイド品の魅力だが、こと輸入品に関してはそれが悩みの種になることも。

Love MAUIでは以前、フラダンスの練習用スカートを扱った。すると折からのフラ人気で注文が殺到したが製作が追いつかず、お客さまを待たせることに。もっと困ったのは、仕上がりは商品ごとに違って当然のハンドメイド品に「長さが数ミリ違う」「見本と同じ布を使っていない」など、ファクトリーメイド品と同様の苦情が多く寄せられたこと。

商品の品質には世界一厳しいといわれる日本人、でもいったん海外に出ればそれが常識でないことはすぐわかる。海外ハンドメイドを扱うときに心しておきたいことだろう。

手づくり作品だからこその味わいは、自分でつくってこそわかるのかも。大切に使うことで愛着も湧こうというもの。

the shop

❶「買わなくていいから遊びに来て！」という住友さん。お客さまは、レアな作品を見ることで感動したり、観光情報を通じてもっと深く現地についての知識を深めることができる。

❷ハンドメイドらしいあたたかみのあるバッグは種類も豊富。右奥は人気商品の1つ「スクールバッグ」。

❸右手奥のレジ前は、マウイ島・モロカイ島ほか、ハワイの観光情報コーナーになっている。

shop data

Love MAUI

住所／東京都武蔵野市吉祥寺本町1-28-3 #112
TEL／0422-21-7878
営業時間／12:00～19:00
定休日／月および第2または第3火曜日
URL／http://www.lovemaui.net/

Love MAUI オーナーからのメッセージ

お店経営は最終的には人間同士のおつきあい。お客さまでもアーティストでも、相手にどれだけ配慮できるかが大事だと思います。

「アーティストの作品に対する想いを、お客さまにできる限り伝えたい。そこから、REAL ALOHA SPIRIT を感じてほしいですね」

まるで、アジアの市場で「宝探し」でもするように

市場をめぐって小物を探し、
現地のデザイナーと服をつくる
徹底した現地主義を支える。
アジアへの強い思いは、
商いの枠を超えた友情を育み、
それぞれの文化がミックスした
魅力的な商品の創造にまで
発展している。

アジアン雑貨 偏西風《へんせいふう》

千葉県市川市

アジアの市場に迷い込んだような、エスニック気分いっぱいの店内。ファブリックから陶器類まで、わくわくするようなアジアン雑貨が並ぶ。あまりキラキラしすぎず、かつ上品すぎないものをというのも商品チョイスの基準の1つ。

オーナーのこだわり

- ディスプレイはあえてゴチャゴチャ感を出し、宝探しを楽しんでもらえる空間に。
- 買い付けから商品開発まで自前で行うことで、価格を安く設定できる。
- !!! 自分で現地に行き、市場をめぐって見つけたアイテムのみを扱う。

(右)何があるかな？　と、足を踏み入れる前から胸がわくわくするお店の入り口。
(左上)オリジナルウェア・布類・袋物・ストールと、衣類に強い偏西風ならではの品ぞろえ。ウェアは天気のいい日は入り口の前にもディスプレイする。
(左下)すだれを効果的に使い、豪華なトンボ玉のネックレスから気軽に買える携帯ストラップまでカラフルにディスプレイ。

大陸からの夢を乗せた海風のようなショップ

太古の昔、大陸の文物を満載した船が日本を訪れるときにその帆にはらんだ偏西風。アジアのおもしろいものを運ぶ、そんな風に自分もなりたくて――「アジアン雑貨偏西風」オーナーの吉尾浩さんに店名の由来を尋ねると、そう返ってきた。

大学院で南アジアの農業史を専攻、現地調査の途中に寄ったバンコクの空気がとても肌に合ったという。

「何の知識もないままの滞在でしたが、現地の人と触れ合おうとすれば受け入れられるんだと思いました」

1週間単位のレンタルワゴンショップではじめたアジアン雑貨販売はやがてネットショップと1坪ショップに発展。2004年3月に現在の店舗のオープンを果たした。

店内は色とりどりのアクセサリーやお茶道具・小物・布類があふれ、異国の市場に迷い込んだように独特の楽しさを感じさせる空間だ。見ているだけで楽しくてつい長居したくなる、とはお客さまの感想。平均して20～30分は滞留してくれるという。

現地で探す、一緒につくる安さとオリジナリティはここから

ベトナム、タイ、台湾と現地で直接買い付ける雑貨と、オリジナルデザインの衣類が主力商品。

それらの衣類は、都内の有名デパートから依頼されて販売することも頻繁にあり、その品質は推して知るべしである。

「価格の安さと、自分が実際に手にとって選んだお勧め品だけを置くことを大事にしています」

雑貨はすべて吉尾さんやスタッフが現地の市場に赴き、自分の目で直接確かめたもの。インターネットで見かけたものには手を出さない。価格競争になるだけだし、何よりおもしろくないからという。

ベトナムとの協働でつくる衣料

(右上)アジアと日本のセンスがミックスしたファブリック。手前はベトナムのアンティーク刺繍トートバッグ。
(右下)思わずお茶を入れてみたくなる？　ミニチュア陶器のセット。
(中２点)素焼きや染めつけのお茶道具をはじめ、竹製品、存在感ある木製インテリアやランプなどが並ぶ。下は縁起のよい竜をかたどった、高級感のある急須。
(左)台湾製のネフライト(軟玉)を使った携帯電話ストラップ。

かわいくておもしろいアジアを自分の手で選び、つくり、紹介する

は、デザインから材料調達、縫製、販売まですべての行程を管理することで余分なマージンがかからない仕組みだ。

「自分が選んだ商品や、デザインしてつくったものを〝かわいい、オシャレ〟といってもらうのがいちばんうれしい。自分の感覚は間違ってなかった、ということですから」

「商いよりもまず友達に」がすばらしい信頼関係を築く

雑貨ショップの世界でアジアものを扱うお店は多い。そんななかで実店舗、ネットショップ、デパート販売までを継続・安定経営していくために大事なことは何だろう。

「〝アジアラブ〟。つまり、その地域への強い思いがなければ長続きしません。買い付け先の人とは友達になるくらいの気持ちでつきあうことですね」

アジア旅行の延長で気軽にお土産品を買い付けてネットショップで売

お店づくりのワザを学べ!

オリジナル衣類はどうやってつくるの?

人気商品の1つであるオリジナルのアジアンウェアは、ほとんどの縫製をベトナムで行っている。「ベトナム人は手先が器用でセンスもある、ないのは生地だけなんです」と吉尾さんはいう。

手の込んだ布ボタンの製作や、既製品をふくよかな体型に合わせてリフォームするなど、細かい技術はベトナム人が得意とするところ。そこに目をつけ、日本で買い付けた生地をベトナムに持ち込み、現地のデザイナーやお針子さんにつくってもらうことにしたのだ。

こうしてできる衣類には日本とベトナムの感性がミックスされ、どこにもない独特のテイストが感じられる。デパートでも人気で、チラシに出るとすぐに売り切れるが、同じ商品をたくさんつくらないため「同じものがほしい」との要望に応えるのが難しく、たいてい「現品限り」になる。

また、縫製段階でサイズが少々違っていたり、チャコペーパーの跡がついていたり、できあがって送られてくる衣類をそのまま日本で販売できないこともしばしば。日本は品質管理に世界一きびしい国なのだ。

お店の雰囲気づくりはどうしてるの?

決して広くない店内には、壁や棚、テーブル上と「いろいろなものがいろいろなところに」あり、1つずつ眺めて回るだけで時間を忘れる楽しさがある。「何これ?」「こんなのがあった!」と、盛り上がってお客さまに長くお店にいてもらいたいという狙いだ。

カラフルな店内を照らす照明は、蛍光灯にタイの和紙「サーペーパー」を巻いている。これは赤やピンクの花がすきこんであるもの。音楽はタイのポップスからベトナム宮廷音楽、ときどきは日本のものもCDで流している。

アジアン雑貨のお店によくあるお香は、匂いが衣類に移るので「ごくたまにしか焚きません」。

開業資金の内訳は?

店舗取得費	420,000円
内装・什器費等	ほぼ0円
(廃材利用のDIYのため)	
毎月の運転資金	約200,000円
(海外出張のための旅費や滞在費は除く)	
合計	約620,000円

右はトンボ玉のアクセサリー。珍しいものも置いてあり、遠く秩父からわざわざ買いにきたお客さまもいたという。

HISTORY

お店オープンまでの歩み

2000年
レンタルのワゴンショップでアジアン雑貨の販売をはじめる。

2002年
ショッピングセンターでの1坪ショップ&ネットショップ「アジアン雑貨偏西風」を同時に立ち上げ。

2003年3月
現在のロケーションに実店舗オープン。

2005年4月
「アジアン雑貨偏西風」を有限会社化。

illustrated

【図解でわかる人気のヒミツ】

茶器
茶器のほかに「天福銘茶」なども置いている。
試着室
倉庫
POP③
アクセサリー
値段も手ごろなアクセサリーは人気商品。
ストール②
帽子・カバン
ポーチ類
円形テーブル①
衣類
モダンなワンピースも、ベトナムの人々との共働作業で。

point

「いろいろなところに、いろいろなものがある」と感じさせ、ゆっくり時間をかけて店内をめぐってもらっている。

時間を忘れてお買い物——そんなワクワク感を感じてほしい

ることは可能だし、やっている人も少なくない。しかし、そのほとんどが短期間で行き詰まっているのが現実だ。

2〜3カ月ごとに現地に通って自ら商品を探し、買い付け先の人と一緒にご飯を食べては談笑する。それが吉尾さんの「アジアラブ」のかたち。飾らない、そして熱いこの思いが「ヒロシは友達だから」と担当者がその場で上司に電話して価格を下げてくれるほどの信頼関係を築き上げた。

「アジアが好き」だけに終わらない、現地の人々の生き方・暮らし方まで、まるごと愛する強い気持ちこそが、偏西風の真骨頂である。

それを裏打ちするように、取材時にちょうど届いたベトナムからの荷物を開けると、一番上には「To Hiroshi」ではじまる、「友達」からのあたたかい手紙が納まっていた。

owner's choice

買い付け現場でのコミュニケーション法

偏西風が商品の買い付けをするのは、主にタイ、ベトナムそして台湾の市場。外国語に堪能でなくても、とくに問題はないと吉尾さんはいう。

「英語より、下手でもいいから現地の言葉で、がコミュニケーションの基本。話そうとする姿勢、努力を見せるだけで相手には伝わります。最終的にお金のやりとりをするときは、電卓1つあればいいのですから」

どこまでも現地の文化や暮らしを尊重。バックパッカー旅行者として長い経験をもつ吉尾さんのこんな気持ちが、彼をバイヤーというより「日本人の友達」にしてしまうのだろう。それが、現地の人々があたたかく迎え入れてくれる秘密のようだ。

雑貨はすべて現地に赴き、自分の目で直接確かめたもの。実際に手にとって選んだものだけを置く。現地の人とは商売の前に友達としてつきあい、信頼関係を築いている。

the shop

①時期に合わせたお勧め商品を置くテーブル。取材時はお茶関連グッズが。涼しげなガラス器や湯飲みなどの器も一緒にディスプレイしている。

②インド、ネパール、タイ、中国などのストール、マフラー類。やさしい肌触り、カラフルな色など、選ぶ楽しみも。

③同じアジアにある国とはいえ、見た目だけでは使い方がわからないものも少なくない。POPに使用法や文化情報を盛り込むことで、お客さまの購買意欲はさらに高くなるというもの。

shop data

アジアン雑貨 偏西風
住所／千葉県市川市八幡2-1-7 第一藤ビル102
TEL／047-336-6524
営業時間／11:00～日没
定休日／火曜（他、海外出張時などに不定期）
URL／http://www.henseyhu.com/

アジアン雑貨 偏西風 オーナーからのメッセージ

**商品への愛はもちろん
人の縁を大切に、
そして「地域への思い」が
アジアン雑貨を扱うには
不可欠です。
なければやめたほうがいい、
お金儲けだけなら
ほかにも方法はあります。**

「いつか、アジアのよくわからないようなものばかりが置いてある、よくわからないお店の頑固親父になりたいですね」

ここだけにある一品ものをカジュアルに使ってほしい！
オーナーの思いがこもった普段使いのアンティーク食器を
フランスからの直接仕入れで価格も手ごろに提供する
「粋」な大人の雑貨ショップ。

粋気者《すきしゃ》
神奈川県川崎市

普段使いの一品に、思いをこめる仲良し母娘

オーナーのこだわり

- …他店やフェアでも見かけない「この店だけの一品」で品ぞろえ。
- …フランス在住者と連携した直接買い付けのアンティークのみ扱う。
- …気軽に使ってほしいから、値段はできる限り安く設定。

ゆったりとした店内は、中央のテーブルにおすすめのディゴワン社製品とアクセサリー、両脇の棚にアンティーク食器がずらりと並ぶ。バッグやファブリック、ブラシなどの雑貨も目を惹く。

（右）粋気者のメインアイテム、フランスアンティーク食器。プレートやカフェオレボウルの人気が高い。どれもフランスの家庭やカフェで実際に使われていたもの。（左上）店内に入ると手前に陶磁器類の棚、奥に進むとグラス類のショーウインドウというレイアウト。（左下）東急田園都市線二子新地駅から徒歩数分。

おしゃべりが現実に！勢いとタイミングの開業

エスプリのきいた店名である。盆栽用語の「数寄者」にちなんだという『粋気者（スキシャ）』。

「フランス人にも発音しやすいし、しかも漢字のほうが、フランス人に受けるんですよ」とはオーナーの国分みどりさん。

ショーウインドウや棚に並ぶのは普段使いのカジュアルなアンティーク食器の数々。パリ近郊やプロヴァンス地方の蚤の市で直接買い付けた、ほとんどが一点ものだ。

バレエやモダンダンスの衣装デザインが本業の国分さんがショップをはじめたのは、友人のおかげだという。

「老後の楽しみにいつか好きなアンティークのお店をやりたいね」こんなおしゃべりが、友人がフランス人と結婚してパリ在住となったことで一気に現実味を帯びる。

毎週パリ近郊の蚤の市を回ってはアンティークを買い集めるという友人夫婦の話を聞いていた国分さん。近所の美容院や居酒屋のオーナーから「商店街を盛り上げたい、お店をやって」とハッパをかけられ、知り合いの雑貨店主に話を聞いてその気になりかけたころ、現店舗のある物件が空いた。

「まさか本当にやるとは思わなかった」と国分さんはいう。

まさに勢いでの開業。以来、デザイナーとオーナー二足のわらじを履き、店頭での販売接客とネット管理を担当する娘と二人三脚を続けてきた。

「好きな一品もの」と「市場動向」仕入れを左右する2つの視点

お店の看板は、1900～1970年代ごろのフランスのアンティーク食器だ。ブランド品ではなく、実際に家庭やカフェで使われてきた普段使いの品々である。

「気軽に使っていただくように値段は極力抑えています。この店の商品

(右上)1920～30年代のクリスタルのアンティークグラス。照明つきの専用ショーウインドウに収められたグラス類は思わずうっとりする美しさ。
(左上)薔薇や花模様の蓋付きアイテムも人気商品の1つ。
(右下)アンティークビーズもある。手づくりアクセサリー用に買っていくお客さまも多い。
(左下)絵柄も素敵なアンティークプレート。

心からアンティークが好きな人に この店にしかない一品を

はクリニャンクール（パリで最大の蚤の市）よりも安いですよ」

店内では、一番人気のディゴワン社製品が中央テーブルに、壁の棚にはそれ以外のプレートやカフェオレボウル、カップ&ソーサー、蓋付アイテムが並ぶ。グラス類は照明を仕込んだ専用のショーウインドウに。ボタンや灰皿、ホーロー製品など、食器以外のアンティークも目を惹く。

商品の選び方はあくまでもお客さま本位だ。仕入れる側のこだわりが反映されやすいアンティークだが、「自分の好みに偏らず、でも好きなもの」が国分さんのやり方。加えてほかのどこでも見かけないこの店だけの一品、を基本にしている。

反面、流行や売れ筋のチェックも欠かさない。アンティークフェアや他店はもちろん、ギフトショーやデパートにも頻繁に足を運び、ブランド品も見て市場動向をつかむ。雑誌に載れば同じ製品はあっという間に店頭から姿を消すという現状で、ど

お店づくりのワザを学べ！

フランスでの直接買い付けはどうしてる？

実際の買い付けはパリ在住の友人夫婦に依頼。いまはこんなものが売れ筋とか、○○がほしいなどと具体的に金額まで伝えて、現地の蚤の市で探してもらう。

買い付けた商品は船便で日本に送るが、フランスでは本人自身が発送業務をしない限り、物品を郵送できないことになっている。そのため日本への商品発送は年に数回、国分さんが渡仏したり、友人の一時帰国に合わせて行っている。

海外のフリーマーケットなどで直接買い付けるときは、相手にはっきりとものをいうことが大事。毅然とした態度でいないと、ヘンなものをつかまされることになってしまう。人種の違いや、アジア人に対する差別もある。理想をいえば、最初は現地に知り合いがいて、その人と一緒に行くのが一番。とにかく日本とはものの考え方自体が違う文化であることを肝に銘じて買い付けにのぞむことだ。

内装で気をつけたところは？

内装のデザインは全面的にプロに任せたが、ポイントはデザイナーの選び方。

国分さんは、行きつけの美容院の内装デザインが大変気に入っていたため、それを手掛けたデザイナーをそのお店に聞いて依頼した。

デザインが混乱しないように、商品のイメージのみを伝えてあとはいっさい注文をつけなかったが、相手の腕を知っているので安心感があり、できあがりも納得のいくものとなった。とくにグラス用のショーウインドウはプロならではのうまい仕事であると感じている。

DIYもいいが、同じプロデザイナーとして相手を見極めたうえで仕事を発注した国分さんの作戦勝ちともいえるだろう。

開業資金の内訳は？

店舗取得費（保証金含む）	2,675,000円
内装工事費（デザイン料・什器含む）	5,000,000円
仕入れ費	500,000円
合計	8,175,000円

グラス専用ショーウインドウは高級感いっぱい。灰皿や多目的に使える容器のアンティークもおすすめ。

HISTORY

お店オープンまでの歩み

2002年
友人のパリ移住、周囲からの勧めで、開業のための店舗探しを開始。同年、現店舗の入っている物件がたまたま空いたため、すぐに契約。

2002年11月
オープン。

2005年10月
現在の店舗から徒歩数分の自宅兼アトリエを一部改装、店舗移転予定。移転後はフランスアンティークの専門ショップに。

i l l u s t r a t e d

【図解でわかる人気のヒミツ】

レジカウンター
ショーウインドウ内のグラス類は、ここに並べて見せてもらえる。
アンティーク食器②
アクセサリー類
シックな雰囲気のものが多い。
小物類
粋気者オリジナルの古裂アロハやバッグ、キルト類は左手前に。
アロハ
オリジナルアロハは毎年買いに来てくれるファンもいる。
グラス③
ティゴワン社製品①
プレート類
お店でも人気の高いアンティークプレート類がディスプレイされている。
SUKISHA
ウェルカムボード
お店のウリやセールを告知。

point

店舗の内装を手がけたデザイナーに、店内のレイアウトもすべて任せた。スペースや配置など、プロならではのセンスと技が光ってみえる。

アンティーク食器の魅力を最大限に引き出す空間

んな柄やアイテムが人気なのか、つねに把握しておくのは必須事項だ。

アンティークへの愛情が専門店への特化を決めた

いまは古裂のアロハやアクセサリー、帽子、小物なども置くが、店舗移転を機にフランスアンティークのみの専門店にすると決めている。

「アンティークが心から好きなお客さまに来てほしい。そういう方はほかのどこにもない、この店にしかないものを求めていらっしゃいます。それに応えていくことで、息の長いお店にできると思うんです」

お客さまから「食器、使っています」といわれるのが一番うれしいと笑う。自らも好きなお酒は必ずアンティークグラスで、という国分さんの、アンティークへの尽きない愛情が垣間見える瞬間だ。常日頃から、できる限り多くの品を見て目を養わなければやっていけないこの世界で、最大の資質なのかもしれない。

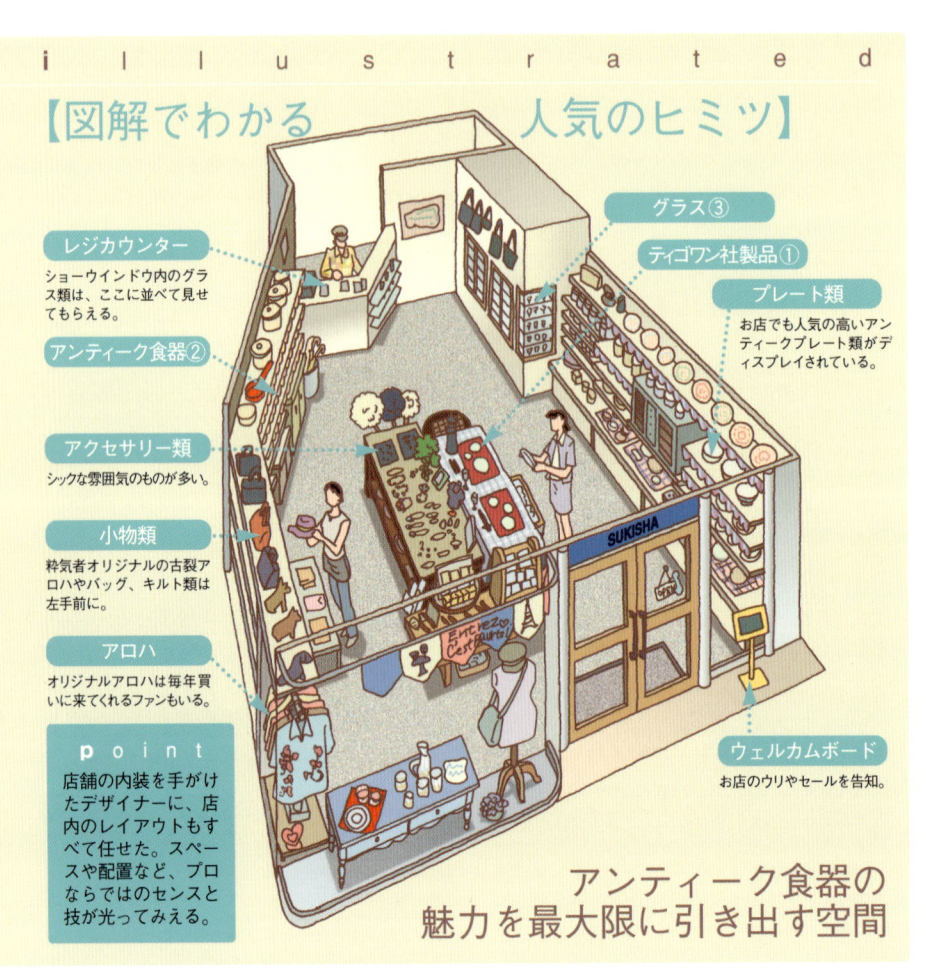

owner's choice

フランスアンティークを カジュアルに楽しみたい

フランスのアンティークで製造後100年に満たないものは「ブロカント」と呼ばれる。古いモノだけに、キズや欠けは避けられないが、それがその食器が使われてきた証しでもあり、味わいとして珍重する人も多い。フランスでは、普通に食卓で使われているという。「コレクションや観賞用だけではなく、カジュアルに楽しんでいただけるアンティークをご提供するのが目標です」と国分さん。

お店のお客さまには、最初から少しキズや汚れなどがあるものもあることをお知らせするのが鉄則。大きなキズが目立つ商品には「キズあり」の表示をし、そのような商品についての返品、取り替えは受けつけないようにしている。

商品のコンディションは、優・良・可の3段階で表示。とくにプレートは、ナイフやフォークによるキズが細かくついているものも多く、お客さまに説明が必要。

the shop

❶中央のテーブルには、お店で一番人気のディゴワン社製のプレート類。

❸店内の最奥がグラス類のショーケース。ウインドウ内の照明がガラスの透き通った輝きを演出する。

❷店内左奥にもアンティーク食器。こちらはカラフルでポップなテイストのアイテムが多い。ホーロー製品も。

shop data

粋気者

住所／神奈川県川崎市高津区二子1-2-7
TEL／044-814-0263
営業時間／平日12:00～21:00、土日祝12:00～20:00
定休日／水曜
URL／http://home.j02.itscom.net/sukisha/

粋気者 オーナー からのメッセージ

アンティークはよく見て とにかく目を養うこと。 自分の考えに固執せず 周りの話を聞くことも大切。 海外商品を扱うなら その国のことも 勉強しておきましょう。

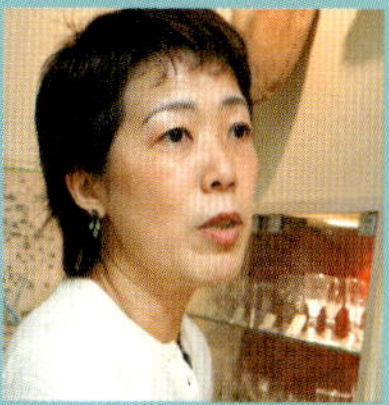

「経営方針はどんどん変えたほうがいいですよ。売れなかったらいままでのやり方にこだわらずに切り替えることも大切です」

街の気さくな本格セレクト雑貨ショップ

輸入玩具、焼き物、
西洋アンティーク……
本格的な品ぞろえを誇りつつ
スタンスはあくまで「近所の雑貨屋さん」。
さまざまな表情をもつアイテムが、
光と緑あふれる明るい空間で
すべての人に笑顔を振りまいている。

鵙屋《もずや》
東京都文京区

1階角地のアドバンテージを生かし、1枚ガラスの扉で2面採光にした店内は明るさいっぱい。出入り口も2カ所で入りやすい。下の写真は、子ども服の隣にアンティークの版木やカフェオレボウルが並ぶ、鵙屋ならではの風景。

オーナーのこだわり

…ガラス扉による2面採光で店内は明るく、外からも入りやすい雰囲気にしている。

…商品を置くだけでなく、暮らしのなかで楽しむための提案も行っている。

!!!…アンティークショップにありがちなサロン性をもたず、だれでも楽しめるお店に。

(右)商品の１つひとつが見えやすい、すっきりとしたディスプレイ。
(中上)陶器類の陳列棚では製作者をきちんと紹介。「若手作家を世に紹介するお店、というのが最初のコンセプト」と、オーナーの永田さん。
(中下)変形の柱があるため、コーナーにデッドスペースができているが、そこにも棚を設けて巧みな見せ方を工夫している。
(左)店舗前のスペースもディスプレイの場として生かし、店内店外ともに気持ちのいい空間となっている。

「やりたいことをやろう！」30歳を機に雑貨店開業

一見するところ、不思議なお店である。クールなイギリスアンティークの隣にカラフルなオモチャやポップな文具が並び、向かいの棚には渋い焼き物が鎮座する。

相当に守備範囲の広いセレクトショップとでもいおうか。オーナーの永田純一さんのスタンスに、その秘密がありそうだ。

もともとアンティークと買い物が大好きな永田さんは、30歳を迎えたときに、「残りの人生、後悔しないようにやりたいことをやろう！」と、鴡屋のオープンに踏み切った。

テーマは「お気に入りのある生活」。商品はアンティーク、日用食器、ハンドメイド雑貨、セレクト雑貨の4つにカテゴライズされる。どれも永田さん本人の厳しいメガネにかなったものばかりだ。

他店ではあまり見かけない用途不明のものも多く、よほど雑貨にのめり込んだオーナーを想像してしまうが、お店はそんな気負いめいたものを感じさせない、気軽な雰囲気だ。

「このお店はあくまでも近所に住む方々のための雑貨店ですから」

一部のお得意さんだけでなくだれもが楽しめるお店に

角地に建つマンションの1階というロケーションを生かした店舗は、2面をガラス張りにし、入り口も2つと、とても明るく入りやすい。客層の9割以上がベビーカーを押した近所の若いお母さんというのもうなずける。

だが、置かれたアイテムは骨太だ。天然木を丁寧に削った北欧製のプルトイ、自ら窯を開いて作陶する若手作家たちの器、イギリスを中心としたアンティークの数々。とくにアンティークは小さなメタルプレートからガーデニング用じょうろ、味のある木製スツール、マニア向けの深い

(右上)永田さんのイチオシ、京都のクリエイター集団がつくるロボット柄のノート。地方のこんなおもしろいものも紹介している。
(右下)時間を見るのが楽しくなってしまう時計。
(中2枚)おもちゃやカラフルな文具は、ガラス扉を通してお店の外からもよく見える位置にディスプレイ。
(左上)若手陶芸家の渋い焼き物もお勧めの1つ。
(左下)古い引き出しの取っ手や、真鍮プレート、ボタンなど。

アンティークからおもちゃまで、ハイセンスと気軽さが同居

青色の薬瓶など、専門店としても十分通用する品ぞろえである。

　しかし永田さんはこう語る。

「アンティークショップにありがちな、一部のお得意さんのためのサロンには絶対したくない、だれでも楽しめるお店にしたいんです」

　お客さまからの商品リクエストも、スタイや子ども向けの文房具など、焼き物やアンティークとは少々縁遠いものが主流だ。

　しかし、そんな「かわいいものを探しているんだけど」という依頼を受け、それに応えることこそが無性にうれしく、またありがたいという。その姿勢はまさに「ちょっとおしゃれで気が利く、近所の雑貨ショップ」。鵙屋の敷居の低さは、それを体現するものである。

　終始にこやかで笑みを絶やさない永田さんだが、ともすれば常連客だけの世界になりがちなアンティークショップに対する静かなアンチテーゼの思いもあるようだ。

お店づくりのワザを学べ！

商品チョイスと仕入れはどうしているの？

基本的に、すべての商品は永田さんの好みとメガネにかなったもののみを置いている。

「気に入らないものを仕入れて、早く売れればいいのにって思いたくないんです。自分が気に入ったものなら、売れなくてもお店に置いていて気分がいいですから」（永田さん）

仕入れの方法は、海外のアンティークや玩具に関しては年に数回は買い付けに行き、そのほかは現地のバイヤーとのメール交換で行う。

国内の作家ものの器・雑貨は、作家本人と直接コンタクト。その際、価格は作家が決め、永田さんは作品の質と価格のバランスを見て仕入れるかどうかを判断している。

お客さまからの具体的な商品リクエストに応えて仕入れることもある。しかしその場合は、とくに価格に気を使い、あまり高額になる場合は、もの自体が見つかっても仕入れを見合わせることも。

お店づくりのポイントは？

店内は明るさと開放感を重視し、基調色は白。床は足触りのよいテラコッタタイルを敷き、柔らかい雰囲気に。照明は蛍光灯のほか、角度が自由に変えられるスポット型ダウンライトで商品を照らしている。また、通常の棚のほか、アンティークをそのまま什器として使用。非売品にはシールを貼って、その旨が判別できるようにしている。

音楽は自分の好みのポップスやロックを、お客さまが不快に感じないものを選んでかけている。ポプリなどの香りものは、個人の好みの幅が大きいことを考慮し、いっさい置いていない。

店外スペースには、鉄製じょうろやバケツ、木製ラダーといったガーデニング系アンティークが、永田さんの趣味も兼ねたたくさんのグリーンと一緒に並べられている。鵙屋のファサードの大きな魅力になっているとともに、商品イメージも伝わりやすい。また、緑があることで近所の人たちにとっての憩いの場にもなっているようだ。

開業資金の内訳は？

店舗取得費（保証金含む）	2,000,000円
内装費	約1,500,000円
什器・備品費	600,000円
開業時仕入れ費用	500,000円
合計	約4,600,000円

（全額自己資金、融資利用なし）

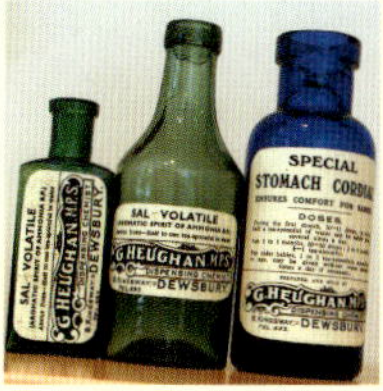

（左）薬が入っていた古い瓶。（右）インテリアとして大人も楽しめる、質の高い玩具をラインナップ。子どもが大きくなってからもとっておけそうだ。

HISTORY

お店オープンまでの歩み

2004年夏
店舗用物件を探し、都内を20件以上見て回る。

2004年9月
現在の店舗が入っている物件を取得。勤務していた会社を月末に退職。

2004年11月
オープン。

2005年3月
鵙屋オンラインショップ立ち上げ。

illustrated

【図解でわかる人気のヒミツ】

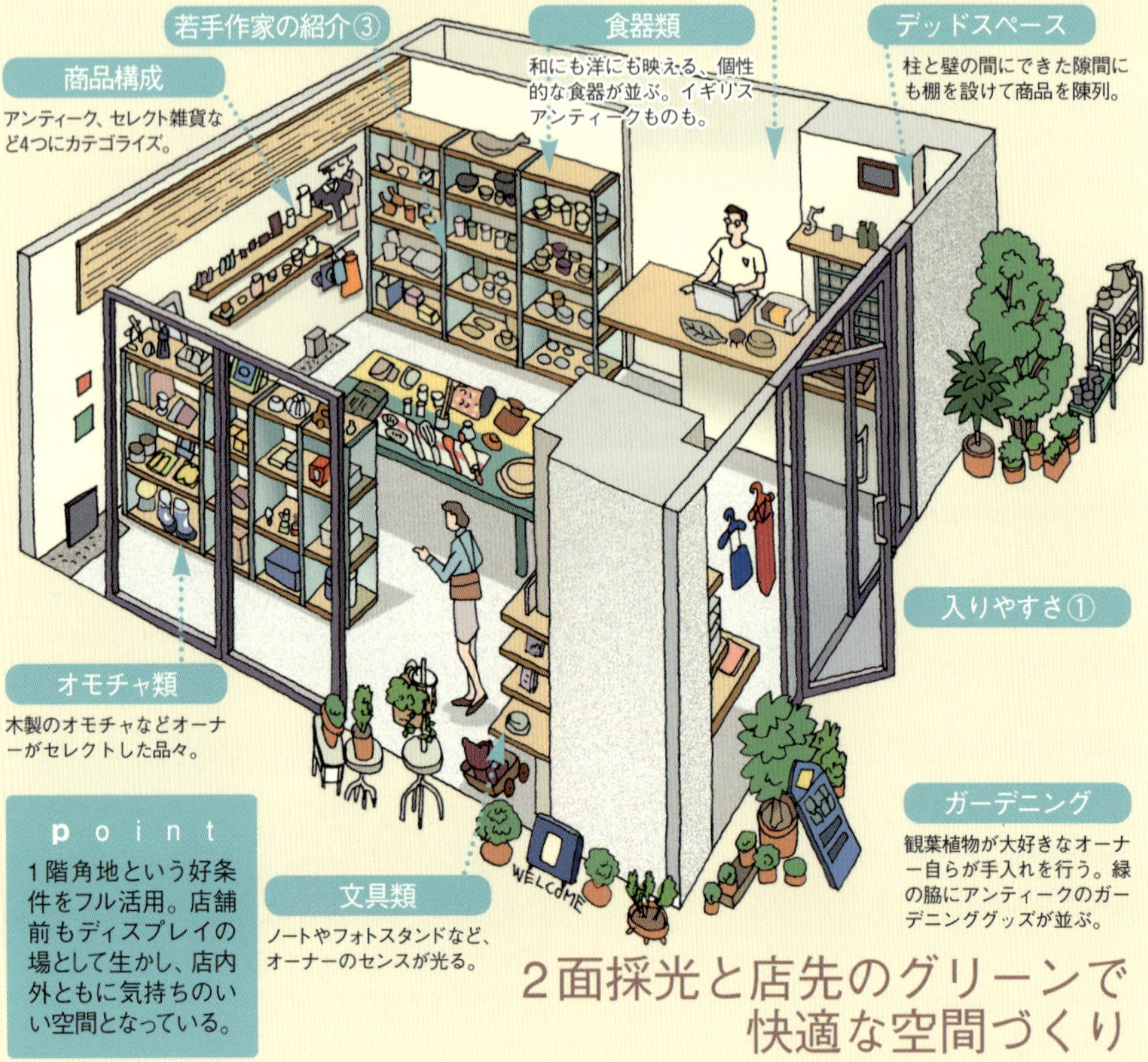
経営コンセプト②
若手作家の紹介③
食器類
和にも洋にも映える、個性的な食器が並ぶ。イギリスアンティークものも。
デッドスペース
柱と壁の間にできた隙間にも棚を設けて商品を陳列。
商品構成
アンティーク、セレクト雑貨など4つにカテゴライズ。
入りやすさ①
オモチャ類
木製のオモチャなどオーナーがセレクトした品々。
ガーデニング
観葉植物が大好きなオーナー自らが手入れを行う。緑の脇にアンティークのガーデニンググッズが並ぶ。
文具類
ノートやフォトスタンドなど、オーナーのセンスが光る。
WELCOME

point

1階角地という好条件をフル活用。店舗前もディスプレイの場として生かし、店内外ともに気持ちのいい空間となっている。

2面採光と店先のグリーンで快適な空間づくり

買い物のプロとして提案し、仕掛けていく

商品は自分が好きなものだけを選び、実用品としての楽しみ方も提案する。しかし、最後に選ぶのはあくまでもお客さま。だから商品を選択する際や価格設定では、買う側の身になってよく考える。

「お店の人こそ買い物のプロフェッショナルでないと、お客さまには何も勧められないし、伝わりません。つねにアンテナを張り、視野を広くして情報を多く得ています。店とは、提案し仕掛ける立場なのですから」

そういいながら、「いま一番のお気に入り」と見せてくれたのは、赤い布カバーの小さなノート。とぼけたロボットの絵柄に思わずクスッと笑みがこぼれる、まさに暮らしを楽しくしてくれる一品である。

オーナーのプロ意識と曇りのない感性。近所の人たちだけでなく、多くのお客さまに支持される理由は、そこにあるのかもしれない。

owner's choice

オンラインショップと実店舗の使い分け

鵙屋の場合、実店舗は「みんなの雑貨屋さん」的スタンスなのに対し、アンティーク主体のオンラインショップは、より本格的な雰囲気。客層も実店舗と様変わりし、全国から注文が来るという。商品説明と写真のほか「店舗の什器にいいのでは」「ギフトに最適、ぜひ実用してください」と各商品に関する永田さんの提案はネット上でも怠りなく、リピーター率も多い。

オンラインショップはお客さまの顔が見えない分、実店舗以上に自分の理想を純粋に追求しやすい環境。リアルショップと併設するなら、限られた店舗スペースにディスプレイしきれないマニアックなアイテムはホームページ上で、といった使い分けも可能だろう。

お店のディスプレイ用にと購入する人も多い、鵙屋のオンラインショップ。実用性とともにイメージを重視したアイテムもラインナップする。

the shop

❶店舗の西側と北側2カ所にガラス扉の出入り口があり、気軽に入りやすい雰囲気を演出。2面からの採光を最大限に活用した。角地にのみ許される明るさだ。

❷商品はどれも永田さん自身が厳しく選んだもの。しかし「一部のお得意さま用の店には絶対にしたくなかった」という。そのためにも、雰囲気づくりには気を使っている。

❸若手作家の作品の仕入れは、作家本人と直接交渉。写真入りのプロフィールが添えられ、お客さまの興味を引きやすい。

shop data

鵙屋（もずや）
住所／東京都文京区小石川2-25-10パークホームズ小石川1F
TEL／03-3812-3271
営業時間／11:00～20:00
定休日／なし
URL／
http://www.mozya.com/

鵙屋オーナーからのメッセージ

**実行力こそが大事です。
頭の中にあるアイデアと
それを実行に移す
エネルギーとはまったく別。
前に踏み出して
アイデアを形にしましょう。
実行力9、アイデアは1。**

「お客さまと直接やりとりできる実店舗が、やっぱり好きです」

白いレースにふんわり包まれたお店

かわいいドールや美しいレース
小物たちと元気な毎日を迎えてほしい……。
柔らかなフレンチカントリーの
ロマンティックな世界は、お客さまへの感謝と
親しみの思いに満ちている。

メルレットルーム・カリーノ
東京都目黒区

南仏プロヴァンスのイメージで、壁も什器も白を基調とした店内はロマンティックそのもの。天使やバラをモチーフとしたアンティークの照明が輝き、BGMはピアノやオルゴールのかわいらしい音色が流れている。

オーナーのこだわり

- ……大好きなレースのようなロマンチックな空間に、商品はあふれるように。
- ……素材からプレゼント用商品、各種のハンドメイド教室まで、かゆいところに手が届く品ぞろえ。
- ……ほとんどの商品がハンドメイド。とくにドールはレースを贅沢に使い、ここでしか買えないものとなっている。

(右)店内に一歩足を踏み入れれば、そこは思わず日常を忘れるロマンティックな世界。
(左上)お店は建物の角に面していて、採光面に優れている。かわいくて夢のような世界を見せてくれるミニチュアなども人気商品。
(左下)プロヴァンス風の白い棚には、台所仕事を楽しくしてくれるキュートなキッチン雑貨が。

「誰もやっていないことを」お店はドールからはじまった

数多くの雑貨ショップが軒を連ねる自由が丘の一角。「メルレットルーム・カリーノ」の扉を開けると、ふんわり柔らかなレースとバラの香りに包まれた、ハンドメイドフレンチカントリーの世界が広がる。

オーナーの遠藤ミホさんはもともとショーツメーカーのデザイナー。勤務先の女性社長の仕事ぶりにあこがれ、自らも独立してショーツブランドを立ち上げ、銀座を中心にオリジナル製品を卸していたクリエイターだ。

バブル崩壊後、ショーツ販売の伸び悩みが遠藤さんに「ハンドメイド雑貨のショップ経営」という新しい世界への挑戦を決心させる。

「大好きなレースで何かやろうと発想を変え、まだ誰もやったことのない〝フレンチカントリードール〟にたどりついたのです」

食器や小物、ファブリックと多彩な商品のなかのメインを飾るドールは、ゴージャスなレースをふんだんに使った、遠藤さん本人による一品もののハンドメイド。作者の分身としてひときわ存在感を放っている。

こわいお客さまが育てるこだわりのフレンチカントリー

ショップ開業は1997年、新丸子駅前の6畳ひと間のスペースから。ドールからバッグ、小物まで、すべてをたった1人で手づくりするお店だった。すぐに固定ファンがついて個人では間に合わなくなり、外部のスタッフを頼むことに。その後はマニー社の食器も扱いはじめ、2002年にいまの店舗に移転した。

現在、外部スタッフは15名、遠藤さんのデザインを形にするエキスパートとしてお店を支える。

客層は圧倒的に女性、しかも30代以上の「大人」の女性が多数派である。目の肥えている人が多く、だめな商品は勧めてもすぐに見抜かれ

(右)たっぷりのレースと新作の布を使った、遠藤さん渾身のフレンチカントリードール。
(上)ローズ柄を中心としたガラスやホーローの食器類も充実している。
(上)手の込んだティッシュボックスカバーは遠藤さんおすすめ商品の１つ。

バラとレースの白いお部屋に、夢とこだわりをつめこんで

る。

「でもそんなこわいお客さまこそがお店を大事にしてくれるんです。うるさいくらいのお客さまをつかむのが経営のコツですね」

常連のお客さまも多く、来店のたびにお菓子を持ってきて一緒にお茶を飲んだり、なかには自宅に招いてくれる人も。こんな親しい関係を大切に、また楽しみにしているという。

プロヴァンス風に白でまとめた店内はドール、レースや布などのファブリック系、食器、小物、ミニチュアがあふれ「夢みたい」とお客さまが口をそろえるロマンティックスペースだ。ドールやトールペイントの教室もここで開催されている。

研究心と感謝の思いがお客さまの心をつかむ

「お客さまに喜んでもらえるものは何か、何を提供したいのか……の追求が大切。そして、たくさん旅行することを勧めます」

お店づくりのワザを学べ！

ハンドメイド商品はどうつくっている？

店内の商品は、食器関連やレースなど一部のファブリックを除いて、ほとんどがお店独自のハンドメイド。

デザインはすべて遠藤さんが行い、15名のスタッフが製作にあたるという方式。布小物なら布小物専門、ミニチュアならミニチュア専門とそれぞれに担当が決まっており、プロ意識がいい商品を生み出している。

ハンドメイドのため、注文後にお客さまをお待たせしてしまうこともあるが、「それを理解してくれるこだわりのお客さまに恵まれています」と遠藤さん。

どんなサービスをしている？

2,000円分の買い物で1つ押すことができるスタンプカードを用意。全部埋まると2,000円分の買い物ができるため、それを楽しみに買ってくれるお客さまもいるそう。

また、お客さまの誕生月には個人宛にバースデーカードを送っている。カード持参で来店のうえ、2,000円以上の買い物をすればお店からプレゼントを贈るというシステムをつくって、好評を博している。

しばらく来店していないお客さまにお店のことを思い出してもらうためにも、バースデーカードはとても有効とのこと。

ディスプレイのポイントは？

プライスカードはどの商品も必ずよく見えるように配置する。お客さまに何度も「これはいくら？」といわせてしまうのはとても失礼なこととの考えからだ。

商品のディスプレイやラッピングも店舗のデザインの大きな要素と考えている。ただきれいに包むだけでなく、かわいいリボンをつけるなど、ひと手間かける気持ちが大事。

開業資金の内訳は？

店舗取得費	5,000,000円
内装工事費	2,000,000円
什器・備品費	300,000円
月々の運転資金（家賃別）	500,000円
合計	7,800,000円

スタッフはそれぞれ製作担当商品が決まっている。小さな子どもがいるため家で製作する人も多く、子どもの面倒を見ながら仕事ができると喜ばれているとか。

HISTORY お店オープンまでの歩み

～1997年
化粧品会社勤務後にデザインショーツメーカーに入社。多くの高級ショーツのデザインを手掛ける。
結婚・退職の後、自宅でオリジナルデザインのショーツ、小物、ポーチの製作開始。「メルレット」のブランド名で卸しを行うようになる。

1997年6月
東急新丸子駅前に、オリジナルショーツ・雑貨デザインのお店「フレンチカントリーショップ　メルレット」オープン。
その後フランス、イタリアなどヨーロッパへの視察旅行を重ねる。

2002年6月
自由が丘に店舗を移転。店名を「メルレットルーム・カリーノ」に変更。

illustrated

【図解でわかる人気のヒミツ】

モチーフカラー①
ドール②
小物
パッチワーク製のコースターや入れ物を用意。
キッチングッズ
キャニスターやマグカップなど統一されたデザインが人気。
教室スペース③
ポストカード
オーナーのセンスで選んだポストカードも豊富にそろえてある。
食器
プチローズ、ロココなどシンプルだが飽きのこないデザイン。
ミニチュア
幼少時のままごと遊びを思わせる数々のミニチュア。

point

徹底した白色で「メルレット（イタリア語でレースの意）」の名の通り、店内全体をレースのような雰囲気にしている。

やすらぎと温もり、そして夢の世界を演出

フランス、イタリアと数多くの視察旅行を重ねてきた遠藤さんの持論である。フレンチカントリーショップのオーナーとして本場にどんな商品があるか、日本人にとってどうかといったことを自分の目で確かめ、考えてお店づくりに役立ててきた。

「同じフレンチカントリーでも、素材からプレゼントまでそろうお店は、じつはヨーロッパにはなく、レースはレース、布は布とお店は素材ごとになっています。ここは『日本人のお客さまのためのお店』なんですよ」

こんな研究熱心さもファンの心をつかんでいるにちがいない。

お客さまがいてくださるからこそお店が回る。だからいつも感謝の心がすべてと語る遠藤さん。多くのお客さまが帰り際に必ず口にするという「また来るわね」の一言は、こんな思いが伝わっている証なのだろう。

owner's choice

卸しのお仕事には信頼関係が不可欠！

「メルレットルーム・カリーノ」では、全国のショップへの卸し業務も行っている。扱うのは、お店の売れ筋商品をはじめ、1点ものまで。大切なお客さまには、2カ月に1回程度、新製品が出たら写真をカラーコピーしてメール便で送付。こまめに送り購買意欲をそそるのが狙いだが、実際に注文量も好調だという。

商品の仕入れルートや、どのくらいの価格で仕入れるのかといった情報は、なかなか他人には教えないものだが、遠藤さんは卸し業務の経験をもつ友人に教えてもらったという。

雑貨店が卸しをするときの注意点としては、相手がお店をやっていることを証明できること、同じ商圏内でお店をやっていないことなど。苦労して集めた商品を扱うのだから信頼関係が大切という。

卸しで扱う商品は、パッチワーク小物、オリジナル雑貨、レースなどのほか、1点モノもOK。「いいもの、安いものを全国に広めたい」という遠藤さんの思いから、開店後3年くらい経ってからはじめている。

the shop

❶ステーショナリーのラック以外の什器はすべて白、床も壁も白一色に。

❷1品1品丁寧につくられたドールたちは、お客さまにも評判が高い。

❸カウンターの奥は、ドールやパッチワークなどの教室に使用。ミシンや作業台もそろっている。

shop data

メルレットルーム・カリーノ

住所／東京都目黒区自由が丘1-17-12
TEL／03-3727-7341
営業時間／11:00～18:30
定休日／水
URL／http://merlettoroom.com/

メルレットルーム・カリーノ オーナーからのメッセージ

お金儲けでなく
自分の仕事を愛すること。
その気持ちをどこまで
お客さまに伝えることが
できるかが大切です。
そして感謝の気持ちを
いつも忘れずに。

「お客さまには、かわいいドールを家に持ち帰って元気になってもらいたい。『気持ちよく毎日を迎えてほしい』と思いながらつくっています」

小波のように、やさしさあふれる海のショップ

海のやさしさを
いつも感じてほしい——。
そんなダイバーの思いが
結実した100％海のショップは、
打ち寄せる波のように、
つきないあたたかさで迎えてくれる。

スターフィッシュ

埼玉県さいたま市

アースカラーでまとめられた店内は、ダイビングショップと雑貨店の併設タイプ。内装、什器ともにほとんどが手づくり。国内・輸入雑貨をはじめ、海をテーマにした作家ものにも力を入れている。

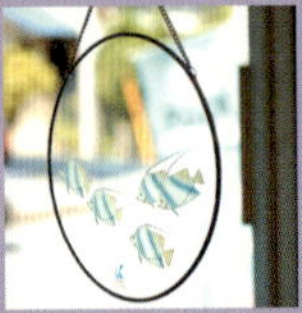

オーナーのこだわり

…手づくり感覚のあたたかみを大切に、店内は内装も什器もDIY。

…お客さまでも作家さんでも、海を通した人と人とのつながりとやさしさを大切に。

…入りやすく出やすいお店を心がけ、買いやすい廉価商品も置いている。

（右）海好きの人が多く集まるお店らしく、涼しげなバスケットやビーチサンダルも海遊びの必需品。
（中）アースカラーの壁と流木を使った棚のあたたかみに、海の雑貨の青色が映える。
（左）アクセサリーがかかるのはオブジェのような造形の小さな流木。おもしろいカタチの流木は店内にストックしている。

身の回りのものすべてで海を感じていたいから

「やるなら好きなこと」は雑貨店開業の基本だが、「スターフィッシュ」はまさにその王道を行く店だ。オーナーの吉田浩一さんは初心者向けのシュノーケリング教室からプロダイバー養成までこなす、プロのダイビングインストラクターである。

　海をこよなく愛する吉田さんが雑貨店をはじめたのは2002年3月。勤務先から独立し、自身のダイビングショップ&スクール「base（ベイス）」のオープンに合わせての併設開業である。

「いつでも海を感じていたいから、身の回りのものも海でそろえたい。そんな気持ちが自分にも周りの人にもあるんです。でもそういったお店がなくて……。だったら自分たちでやろう！　ということに」と、吉田さん。

　ダイバー以外にはなんとなく敷居が高いダイビングショップだが、雑貨のおかげでスターフィッシュは気軽にふらりと入れるお店。「海が好きならいつでもだれでもウェルカム！」と、吉田さんの笑顔が迎えてくれる。

「海への思い」を基準に作家ものアイテムをそろえる

　アースカラーを基調にした店内は、壁塗りなどの内装からイスや棚まで、一部を除きすべてDIY。ホームセンターで材料を調達し、吉田さん自ら製作した。店内には海から頂戴したたくさんの流木も、いずれ什器に変身すべく出番を待っている。

「少しでも海を身近に感じて、手づくりのあたたかみも味わってほしいです」

　並んでいる雑貨はアクセサリーからバッグ類、小物まですべて海一色。開業時は輸入雑貨のみだったが、現在は国内ファクトリーメイドも扱っている。なかでも力を入れているの

個性豊かな作家の作品群。布・ガラス・貝殻などの素材や小物やバッグといった、ジャンルは違っても、すべてに共通するのは「海」というテーマ。作家たちの海に対する思いが伝わってくる。

大好きな海を囲んで集う
すべての人にやさしさを伝えたい

が、ホームページ上で公募もしている作家ものだ。

魚のガラス細工や貝殻のオブジェ、船の携帯ストラップ、マリンイメージの手提げと、どれも海への思いがつまったものばかり。ジャンルは問わず、「海」をテーマにした手づくりのものが作品受け入れの基準とのこと。

「作品を発表する場をつくることで、いろんな人が海を通してつながっていけたらと思います」

実際に作家とはみんな友達だという。納品時には手紙をやりとりし、気持ちのこもった作品を手にとる。ここでは、海を通して人と人とが確かにつながりあっているのだ。

お店づくりの核にある海のようなやさしさ

吉田さんは、いつか全商品、作家もので「スターフィッシュブランド」をつくりたいという。

現在、主要なダイブスポットの1

お店づくりのワザを学べ！

内装で気をつけたところは？

お店の内装は、壁塗りから目隠し用のついたて、商品の陳列棚に至るまでほぼ全部がDIYである。開業に合わせて新調したのは応接用の丸テーブルとイス程度。

業者に依頼すると、後から変更や追加がしにくいといった理由もあるが、何よりも手づくり感覚であたたかみのあるお店にしたいというオーナーの意向がよく反映される結果となった。

棚に流木を使うことでナチュラルな海のお店らしさも演出できている。

品ぞろえはどうしているの？

商品は「好きなものを扱う」ことを大前提に、テーマを海1点に絞り込んだ。代わりにそれ以外の部分はある程度自由に考え、輸入もの・国内ファクトリーメイド・作家ものそれぞれを扱っている。

輸入雑貨は年に2回程度、ハワイやインドネシアに直接買い付けにいき、国内ファクトリーメイドは問屋から仕入れる。

もっとも力を入れたい作家ものはホームページ上で公募しており、応募方法の説明から実際に作品を卸すまで、アフターケアも細やかだ。作家と売り手というビジネスだけに終わらない「海を通じての友達」と吉田さんのいうよい関係が、こんなところから構築されている。

店舗レイアウトで工夫したところは？

ダイビングショップとの併設のため、入り口を入って右を雑貨コーナー、左をダイビングコーナーに分けている。

大きなガラス窓を通して外から雑貨が見えるため、通常のダイビングショップと違い、ダイバー以外のお客さまも気軽に店内に入ってくる。来店者の3分の1は雑貨のお客さまだという。

開業当初はあたたかみを出したいと電球色の照明を使ったが、店内が暗くなりすぎたため、いまは蛍光灯を使っている。音楽はイルカの声が入った環境音楽のCDを使い、商品に匂いが移らないよう精油などの香りものはとくに使っていない。

開業資金の内訳は？

店舗取得費	2,000,000円
（家賃＋駐車場270,000円　保証金含む）	
内装工事費	約500,000円
（すべてDIYのため材料費のみ）	
什器費	10,000円
（応接用丸テーブルとイス）	
合計	2,510,000円
	（すべて自己資金）

ちょっぴりエキゾチックな輸入雑貨も、海の匂いがいっぱい。

HISTORY
お店オープンまでの歩み

2001年
勤務先のダイビングショップからの独立を考え、物件探しを開始。

2002年1月
スタッフとともに車で走行中、現在の物件を発見、取得。

2002年3月
「スターフィッシュ」および「ダイビングショップ&スクールbase（ベイス）」開業。

illustrated

【図解でわかる人気のヒミツ】

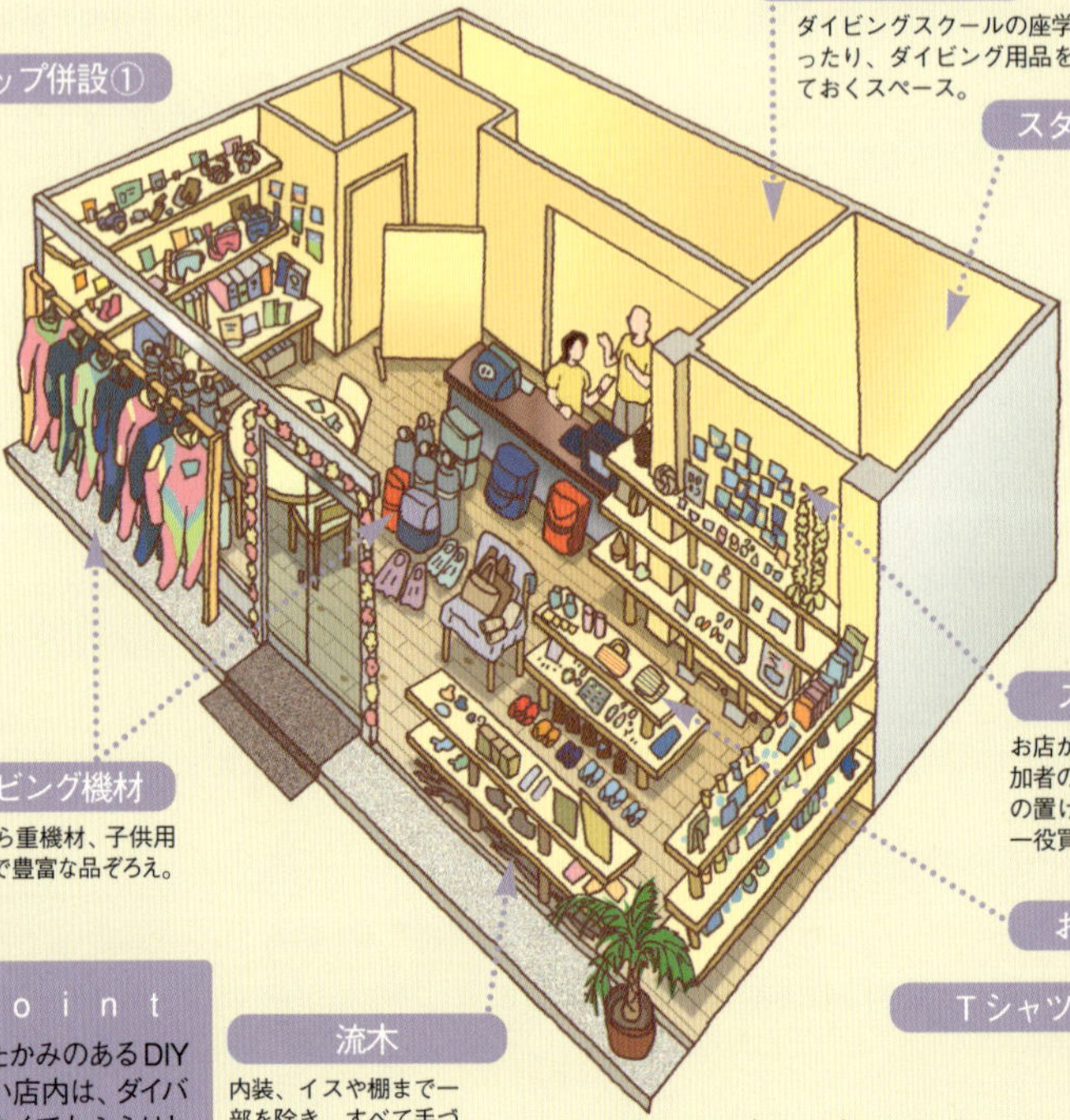
ダイビング教室
ダイビングスクールの座学を行ったり、ダイビング用品を置いておくスペース。
ショップ併設①
スタッフルーム
スナップ写真
お店が企画したツアーの参加者の写真などを飾る。気の置けない雰囲気づくりに一役買っている。
ダイビング機材
軽機材から重機材、子供用の商品まで豊富な品ぞろえ。
お勧め商品②
Tシャツ③
流木
内装、イスや棚まで一部を除き、すべて手づくりの店内には、いずれ出番を待つ流木も。

point
あたたかみのあるDIYっぽい店内は、ダイバーでなくてもふらりと入って雑貨を見たり、海の話ができる。

ダイバーもそうでない人も海が好きならだれでも歓迎！

つである御蔵島の村営宿舎に、携帯ストラップやガラス製品、ステッカーなどの雑貨を卸している。これを全国のダイビングポイントに広げ、宿だけでなくみやげ物店や水族館にも、ブランド名と作家の名前をつけて作品を置くのが夢だ。

　お店づくりでも作家に対する姿勢でも、吉田さんのあたたかいまなざしが印象的である。お店には100円程度の商品もあるが、これは、何も買わないでお店を出るのはだれでも気まずい。それなら安く買って帰れるものを置こう、という気配り。

「雑貨もダイビング道具も、海を通してあたたかさややさしさを感じてもらえるものを提供したいのです」

　母なる「海」とつねにともにいる吉田さんを見ていると、こんな大らかな気持ちでショップをやっていいのだと、清々しさが感じられる。そして、やさしい小波の寄せる波打ち際を歩いてみたくなるような気分にさせてくれるお店なのだ。

owner's choice

手づくり雑貨の募集について

「スターフィッシュ」では、手づくり雑貨を随時募集している。作品はアイテムごとに並べられ、広いスペースに明るく見やすく展示されるのが特徴だ。

作品の条件は、海に関する手づくり雑貨であればＯＫ（出品は12点まで）。ホームページのエントリーフォームを使って申し込み、登録できるようになっている。お店は作品を預かって展示販売を行い、販売費用として月額3,150円、また手数料として売り上げの10％をいただくシステム。

オンラインショップでは、クリエイター1人ずつの紹介ページを作成しているが、同じ海の好きな人たちが集まるという環境に置かれることのメリットも大きいようだ。

店内の展示品にはクリエイター名を明記し、販売。オンラインショップでの作品の画像や紹介文作成などはクリエイターにお願いしているが、お店が請け負う「お任せプラン」（1作品につき525円）も用意している。

the shop

❶お店の正面は全面ガラス張りになっていて、外から見ても、ダイビング用品の他に雑貨があることがよくわかる。採光性に富んでいて、明るいお店の雰囲気によく合っている。

❷流木を使った陳列棚に商品が並ぶ。ファクトリーものも作家ものも同じジャンルの商品は一緒に置いて買いやすくしている。お勧め商品は、お客さまの目につきやすいところに。

❸イルカや亀などの海の生き物をプリント。オリジナルTシャツの収益の一部は、自然保護団体に寄付される。

shop data

スターフィッシュ
住所／埼玉県さいたま市南区文蔵2-5-22
TEL／048-844-0630
営業時間／10:00～21:00
定休日／無休
URL／http://www.umi-zakka.com/

スターフィッシュ オーナーからのメッセージ

どんな雑貨を置くかは
自分の好きなことをもとに
どう絞り込んでいくかが
大切だと思います。
そして何より
あきらめないことが大事。

「お客さまの笑顔が見えたり、メールをいただくときは、やっぱりうれしいものですね」

ご近所さんに愛される、住宅街の雑貨＆カフェの一軒家

自宅を建て替え、やさしさいっぱいの
雑貨と小さなカフェのお店を開業。
おだやかに流れる時間に、多くの人が集まっては
和む憩いの空間となっている。

薔薇の雑貨&カフェ
LOVELY ROSE《ラブリーローズ》

神奈川県伊勢原市

一戸建住宅の１階部分を店舗として設計。ちょっと変わったかたちを逆に利用し、店内に小径を通して回廊性と奥行きをもたせている。

オーナーのこだわり

…何よりお店の雰囲気を大事にしたかったこともあり、ビル内ではなく住宅の1階を店舗に。

…お茶を飲みながら雑貨をゆっくり見てもらいたいとの思いから、カフェを併設することにした。

…カントリー好きに大人気の「イマン」を中心に品ぞろえ。

(右)入り口を入ると、小径の両脇にはイマンのホーローやガラス器をはじめとする優雅な雑貨がすずなりになって迎えてくれる。
(左上)厨房の前の棚にはカレルチャペックの紅茶などを置く。
(左下)オーナー手づくりのケーキと、お店でも販売しているカレルチャペックの紅茶でひと休み。

自宅の改築を機に夢見たお店を開業

静かな住宅街の一角にあるカントリー雑貨&カフェ「薔薇の雑貨&カフェLOVELY ROSE」は、甘い紅茶の香りとエレガントな雑貨たちに誘われ、人々が集まる「憩いの広場」のようなお店だ。

トールペイント教室の講師として忙しい毎日を送っていた渡部享子さんは、自宅改築を機に、1階の一部での雑貨店開業を決心する。

「大好きな雑貨の販売、トールペイント作品発表の場、そして教室の生徒さんとずっと楽しんでいたティータイムが過ごせる、そんな場をもてたらと思いました」

住宅仕様からの設計変更に苦労しつつも2002年5月、当初の希望どおりカフェを併設したお店をオープン。改築工事中から周囲のあちこちで「開店が楽しみ」「がんばって」とあたたかい励ましがあったという。住宅街での開業においては理想的な近隣関係といえるだろう。

主力商品は、フレンチカントリー雑貨が好きなら知らない人はない人気ブランド『イマン』のホーローやガラス製品だ。

高い技術と時間をかけて釉薬でグラデーションをつける「フキ」という技法にこだわり、独特の優雅な世界をもつイマン製品のファンは多い。すべて手作業のため品数が少なく仕入れも難しいが、ここは全国でも数少ないイマン製品取扱店。

「手にとった人の心が安らいだり、食器を置くだけで旦那さんがキッチンにくる回数が増える。そんな不思議な魅力がイマンにはあります」

やさしいイマンの世界と居心地のいいカフェが魅力

什器やディスプレイの色もイマンの雰囲気に合わせて白を中心にした。窓から陽の光もふんだんに取り入れ、淡い色彩で食器に描かれたバラやスミレの花柄によく映える。タ

（右上）イマンのプリンセスローズの食器。描かれた花が印象的。
（左上）手の込んだスパイスラックは渡部さんのイチオシ商品。
（左中）フランスのアンティーク絵画をあしらったポットとカップ。
（左下）じょうろやバケツなどの生活雑貨のディスプレイもフランスの雰囲気たっぷり。

お茶を飲みつつ雑貨を眺める 小さなカフェの大きな存在感

イルを貼った陳列棚や背の高い飾り棚、吊り棚は渡部さんのご主人の手づくりだ。その玄人はだしの出来映えに、譲ってほしいという声も絶えない。夫婦二人三脚のお店でもある。

　そんな店内で存在感を放つのは、やはりカフェスペースだ。室内に3つのテーブルを置き、連続する中庭には2つの丸テーブル。決して広くはないが、ゆったり腰掛けて棚に並べられた商品を眺めたり、青空の下でカレルチャペックの紅茶とオーナー手づくりのケーキを味わえる。

　ここではじめて出会ったお客さま同士が意気投合し、ガラス器の飾り方やレースの使い方といった雑貨談義に花が咲くのもしばしばという。こんなひとときこそ、渡部さんの最高の楽しみの1つだ。

優雅な時間の裏に秘めた経営者としての強い自覚

　お店に流れるやさしく優雅な時間の裏には、経営者としての渡部さん

お店づくりのワザを学べ！

カフェ併設で気をつける点は？

開業時からカフェ併設を前提としてお店を計画。お茶を飲みながら雑貨を眺められるよう、またカフェテーブルが商品を見る人の邪魔にならないよう、陳列棚とカフェスペースをすっきりとレイアウト。渡部さんは、カフェがあることで雑貨スペースが大きくなりすぎず、かえってちょうどいいという。

接客業務との兼ね合いも大事。バーゲン時期以外は渡部さんが１人で接客するため、カフェにかかりきりにならないようテーブル数は最低限にして、利用できる人数をあえて少なくしている。メニューも極力少なめだが、その分ケーキは手づくり、紅茶はカレルチャペックとおもてなしの心でカバーしている。

住宅地で開業する際のポイントは？

渡部さんは自宅の改築を機に開業したが、それ以前から店舗のロケーションについては考えていたという。

「場所自体は駅前でもいいのですが、お店の雰囲気を大切にするならビルのなかに入るのはだめ。やっぱり住宅の１階がいいですね」

最寄り駅から数分の距離で、街の中心から離れすぎていないためお店の前を通る人も多く、また開店前から周囲の住民に歓迎ムードがあった。これは幸運なだけでなく、日頃、ご近所と渡部さんがよい人間関係を結んでいることを示している。

レイアウトでこだわったところは？

自宅改築の基本設計が終了してから１階を店舗にすることを決めたため、どうしても抜けない壁がスペースの真ん中に残ることになったが、両脇の商品を眺めながら奥のカフェスペースまで歩けるようにして奥行きを演出した。最奥はカフェと連続する中庭にして店内の圧迫感を軽減。壁の内側はカフェの厨房にしている。

什器は商品に合わせてすべて白にし、照明はバラなど可愛らしくエレガントなモチーフのもので統一。音楽は有線でオルゴールを流している。

開業資金の内訳は？

店舗取得費及び内装工事費	
（自宅改築に伴うため）	0円
什器・予備費など	350,000円
開業時仕入れ費	800,000円
合計	1,150,000円

背の高い飾り棚もDIY。お店の雰囲気を壊さないよう、しっかり色も統一している。

HISTORY

お店オープンまでの歩み

～2002年
3つのトールペイント教室の講師として活動。

2001年12月
自宅改築に合わせて雑貨店を開業することを決意。

2002年5月
オープン。

2004年11月
イマン社との取引開始。お店の主力商品に。

illustrated

【図解でわかる人気のヒミツ】

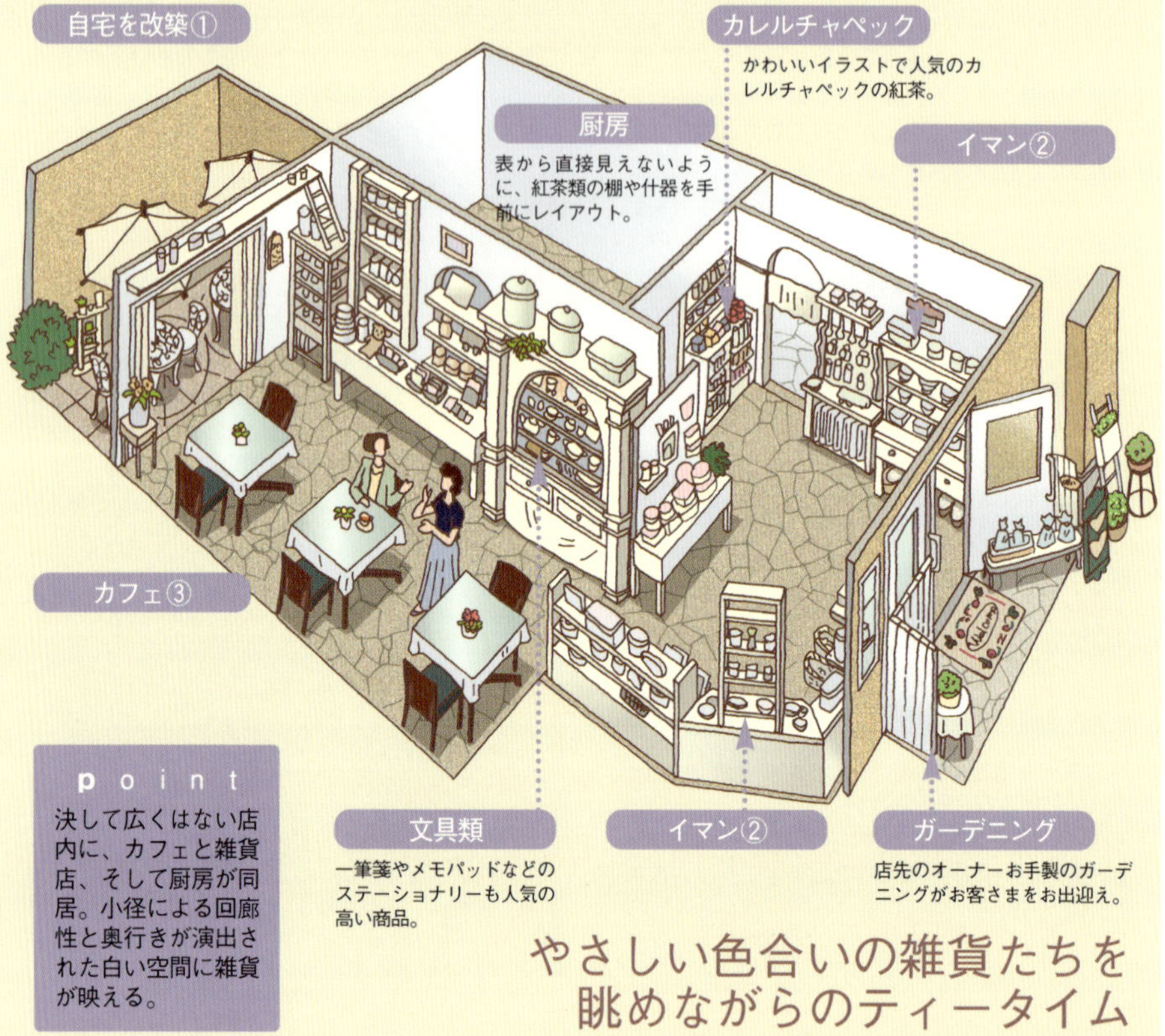
自宅を改築①
カレルチャペック
かわいいイラストで人気のカレルチャペックの紅茶。
厨房
表から直接見えないように、紅茶類の棚や什器を手前にレイアウト。
イマン②
カフェ③
文具類
一筆箋やメモパッドなどのステーショナリーも人気の高い商品。
イマン②
ガーデニング
店先のオーナーお手製のガーデニングがお客さまをお出迎え。

point

決して広くはない店内に、カフェと雑貨店、そして厨房が同居。小径による回廊性と奥行きが演出された白い空間に雑貨が映える。

やさしい色合いの雑貨たちを眺めながらのティータイム

の強い意志と実行力がある。

開業前から雑貨店経営に関する本を読みあさり、疑問点は直接相手先に電話して質問したこともある。多くのお店をめぐっては品ぞろえや店内の様子を観察し、カフェ併設のために食べ歩きで舌を肥やした。店先に置かれた段ボールで仕入れ先を知ることも。

そんな熱心さを、子どもの幼稚園時代に一緒だったお母さんたちやトールペイント教室でつくり上げた人脈が支える。オープン時は、駆けつけた仲間たちで店内はあふれかえった。

「お店、カフェ、仕入れ、そして主婦業の時間配分は大変。でも好きな雑貨を扱い、お客さまと楽しい時間を過ごし、何より自分自身を表現できる。周りの人に本当に感謝です」

渡部さんの、柔らかく微笑みつつも、中途半端な気持ちなら開業しないほうがいい、といい切った力強さが印象的だ。

owner's choice

カフェ併設の雑貨屋さんのつくり方

「薔薇の雑貨＆カフェ　LOVELY ROSE」では、オルゴールの音色が流れるなか、カフェ・ラテ、手づくりケーキセット、オレンジの甘い香り漂う「アイスティー・スワール」などを味わうことができる。ケーキはオーナーの渡部さんが手がけている。

このお店のように、雑貨店の一角で飲食店を開く場合でも、保健所の「食品営業許可」が必要。営業場所を管轄する保健所に申請後、実地検査に合格した店舗にのみ許可が与えられる（詳しくはP141を参照）。

雑貨の仕入れだけでも忙しいなか、カフェの営業もこなさなければ、単なる添えものになり兼ねない。渡部さんのように、味の研究など、念入りな下準備をやっておきたい。

カフェでは、カレルチャペックの紅茶と、手づくりのケーキを味わいながら雑貨を楽しむことができる。渡部さんのテイストはお店全体に表現されている。

the shop

❶住宅街の町並みにマッチしたお店のファサード。店内は雑貨の色彩に合わせて壁も什器も白で統一。

❷大きな花をあしらった、大人気のイマンの数々。人気商品は再入荷することもあるので、何度も足を運ぶお客さまも多い。

❸カフェスペースから直接出ることができる小さな庭には丸テーブルがあり、ここでもティータイムが楽しめる。

shop data

薔薇の雑貨＆カフェ
LOVELY ROSE
住所／神奈川県伊勢原市桜台2-19-33
TEL／0463-94-1388
営業時間／10:00～17:00
定休日／日曜・月曜・祝日
URL／http://lovelyrose.net/

LOVELY ROSE オーナーからのメッセージ

開業する前からの勉強や下調べが大事です。中途半端な気持ちなら絶対やめたほうがいい、趣味と経営は違いますから。カフェ併設なら衛生関連の法律の確認もお忘れなく。

「自分の考えをしっかりもって、周囲に左右されすぎずに、あなただけの持ち味を大事にしてください」

雑貨屋さんをはじめる人のための33のヒント

「オーナーのこだわり」は目に見えないことにも注目を!

雑貨屋さんは、お店ごとに品ぞろえが違うのはもちろん、お店づくりにおける考え方もさまざまです。雑貨屋さんめぐりをするときには、そのお店が、なぜその立地を選んだのか？ どんな接客対応をしているか？ そしてお店全体の雰囲気は？ など、目には見えないことにも注目してみましょう。オーナーのこだわりをトータルに見渡すことで、そのお店の魅力に改めて気づくはずです。

立地

- 出店候補地について十分な調査をし、人の流れや競合店などについて把握していること。
- 物件のタイプ、広さ、周辺環境などを踏まえた、計画的なお店づくりができること。
- そこでどんなお客さまを呼べるか、または獲得したいか、具体的なイメージをもっていること。
- 物件は自分の足で探し、簡単に妥協したりあきらめたりしないこと。
- よい物件との出会いを逃さないような、決断力をもっていること。

お店づくり

- 商品だけでなく、内外装や建物全体も含めてトータルに提案できること。
- 商品の見やすさ、居心地のよさを考えた空間の使い方ができること。
- 単なる陳列ではなく、ディスプレイにもコンセプトを反映させること。
- 壁や床、天井など、お店の雰囲気に合った工夫ができること。
- 音楽、照明、アロマなど、お店を魅力的にするための演出にも気を使うこと。

接客

- 商品に対するどんな質問にも、的確に答えられるだけの知識をもっていること。
- 商品の手入れや保存方法、扱い方など、お客さまがほしいと思う情報を提供できること。
- ときには手にとって見せたり、実際に触れさせて感触を楽しんでもらうこと。
- 会話のなかから、お客さまが求めているものを把握し、提供できること。
- お客さまがいつ、何度来ても飽きないよう、つねに心がけていること。

商品構成

- コンセプトを踏まえ、ニーズに合った商品をそろえていること。
- ほかにはない、自分だけのオリジナリティを表現していること。
- 仕入れ先との交渉は妥協せず、商品を自分の目で確かめてから契約すること。
- コンディションや在庫の管理を徹底し、お客さまに満足してもらえるようにすること。
- POPや説明書きなど、お客さまが選びやすいよう心がけること。

コンセプト

- ブランドやネームバリューに左右されず、本当にいいものを見極められること。
- 自分の感性を表現し、お客さまのニーズを上手に捉えたコンセプトであること。
- こだわりをもちながらも、多くのお客さまに喜んでもらえるようにすること。
- 展覧会やイベントなど、商品の価値をいろいろな角度から提案できること。
- コンセプトの意味をスタッフにも十分理解させていること。

その他

- 買い付けや仕入れには直接足を運び、商品の状態に気を配ること。
- 個性的な品ぞろえを維持するための、行動力と貪欲さをもっていること。
- 雑誌やインターネットなどで、つねに世の中の最新の動向を把握していること。
- 既成概念にとらわれず、新しい価値を見つけられること。
- こだわりだけでなく、実務的な経営センスをもっていること。
- すべてのお客さまを隔てることなく、公平に対応できること。
- 自分の健康管理に気を配り、毎日の営業を楽しむこと。
- 情熱をいつまでも忘れずに、お店を続けられること。

第2章

「好き」を仕事にするために

自分らしい雑貨店を考えてみよう

雑貨屋さんは、
ただ商品がたくさんあれば
いいというものではありません。
大切なのは、あなたがお店で
どんな世界をつくりたいのか、
はっきりさせること。
そして、お客さまの気持ちに
なって考えてみることです。

スタイルはいろいろ、はじめたいのはどんなお店？

カジュアルかモダンか、輸入ものか手づくりなのか
和風、洋風、エスニックと、雑貨店を構成する要素はじつにさまざま。
やりたいのはどんなスタイル、つくりたいのはどんな世界？
自分自身の気持ちを確認することからはじめよう。

自分の「好き」はどんな世界か

雑貨店のさまざまなスタイルは、

・ポップ／カジュアル
・エスニック
・モダン
・アンティーク
・ハンドメイド
・コンセプチュアル

というようにカテゴライズするとわかりやすくなります。気軽な一般向けのお店か、それともマニアックな世界にするかといったことも、おのずと決まってくるでしょう。

もっとも大切なのは、自分自身がその世界を好きであること。人気があるからと興味をもてない内容のお店をはじめても長続きはしません。朝から晩まで関わって楽しい、飽きない、もっと追求したくなるものこそ、選ばなくてはならないのです。

自分のタイプを考えてみる

商品提供の仕方にもいくつかタイプがあります。

・コレクター型
商品に対する深い知識や人脈を駆使しマニアックな商品を集めて提供
・手づくり型
アクセサリーやファブリック、文具などを自分でデザイン・製作
・提案型
コンセプトに合わせてトータルに商品を選びライフスタイルを提案

お店のスタイルに深く関わることですが、最初から無理はしすぎず、たとえば「手づくり型」でも仕入れ品と半々、と考えていいのです。

また、都会の繁華街だけがお店の「舞台」ではありません。沿線沿いや、愛着ある自分の地元でも開業は可能です。都心・郊外・地元それぞれの長所短所をよく見て、お店のスタイルとも重ね合わせて考えましょう。

店舗を賃貸にするか、自宅の一部を改装するかといったことも、ロケーションと大きく関わってきます。

■「好き」こそ最大の力

お店をはじめたい、でも販売の仕事ははじめてで……そんな不安をもつ人も多いだろう。

接客や仕入れの実際がわかる雑貨店や百貨店での勤務経験は、やはり貴重には違いない。しかし、雑貨業界にとくに詳しいことよりも、むしろ「雑貨が好き！」という気持ちのほうが大事。

「もっと商品のことを勉強しよう」「自分がお客さまなら、お店でどんな接客を受けたらうれしいだろう」など、経営に必要なことはおのずと考えるようになり、わかってくる。実際、開業前にまったく別の仕事をしていたオーナーでも成功している例はとても多い。

第2章92ページの「雑貨店オーナーにはどんな人が向いているの？」も参考にしよう。

自分のお店はこれで行く！ カテゴリーやタイプで考えよう

お店カテゴリー

ポップ／カジュアル << pop/casual
キャラクター、古着、日用雑貨

エスニック << ethnic
アジアやアフリカ、ハワイアンなど異国情緒系

モダン << modern
洗練されたデザインの家具や食器、家電

アンティーク << antique
魅力ある古い食器や小物、家具

ハンドメイド << handmade
布小物や陶器、文具など手づくり品

コンセプチュアル << conceptual
コンセプトをもとに商品をチョイス

商品提供タイプ

コレクター型 << collector
趣味嗜好重視、ファン向け

手づくり型 << handmade
少量生産ならではの希少性

提案型 << proposal
コンセプト、ライフスタイル重視

ロケーション

都心型 << inner city
大都市の繁華街など

郊外型 << suburb
都心に向かう鉄道沿線など

地元密着型 << local sticking
コンセプト、ライフスタイル重視

人気のあるお店とはどんなお店？

雑貨店をはじめる多くの人は、一般に「自分の好きなモノに囲まれて仕事したい」という思いが強い。しかし頭のなかでイメージすることは、必ずしも現実的ではないことも少なからずある。そこで、たくさんの人気店に学ぶことが参考になるはず。

人気店とは、数多くの人から愛され、共感を呼ぶことのできるお店。なぜ人気があるのか足を運んで学ぶことで知識が広がり、新しいニーズについてのアイデアが見つかるかもしれない。後は、それを自分のお店にどう生かすかだ。

お店めぐりで大切なのは、それをマネしようといいところだけに注目するのではなく、短所もしっかり見ておくこと。お店をはじめてしまうと、自分のお店の悪い部分には、目が届きにくいものだが、はじめる前のほうが敏感に感じとれることも多いのだ。

自分の個性を表現することも大事だが、お客さまにいかに満足してもらうかについても具体的に考え、検証するようにしたい。

カテゴリーから考える お店＝みんなに見せたい世界

お店をつくるためにいちばん大切な部分、それは「どんな世界をつくりたいのか」という見きわめ。自分自身が大好きなものを核にしながらも、6つのカテゴライズを参考にターゲットを絞りこもう。

ポップ／カジュアル

かわいいものやジャンクテイストなもの、ときには少々不気味なものまで、元気でカラフルなポップアイテムを提供するタイプ。

　プラスチックやブリキ、布、皮革など、さまざまな素材を使った日用小物やおもちゃ、ロックバンドや企業のロゴが入ったTシャツや古着も扱う範疇。アメリカンキャラクターグッズも人気の高い商品です。

　ポップ系よりも高い年齢層をターゲットとし、シンプルかつ気軽な雰囲気でキッチンや水周り用品などの日用雑貨を比較的安く提供するカジュアルなショップはだれでも気軽に入れるため、通勤帰りに何気なく立ち寄るお客さまが多めです。

　どちらも基本的にはロープライスで気軽に足を運んでもらえる性格のお店です。

エスニック

「エスニック」はもともと民族的という意味ですが、エスニック雑貨となると、日本ではなぜかアジア圏やイスラム圏、アフリカ、南の島など、アメリカとヨーロッパ以外の地域の生活用品や文化芸術品を指します。

　とくにポピュラーなのは、やはりアジア。物理的にも近く、お茶の習慣や竹細工といった日本人の生活や感性に親しみやすい部分が多いのでしょう。ハワイアンも、島ごとに特化したりファブリック中心に商品を選んだりフラ専門店があったりと切り口はいろいろ。エキゾチック度の高いアフリカ・中東ものは、その稀少価値やスピリットが印象強い個性的なお店の雰囲気をつくっています。

モダン

■モダニズム
　欧米で20世紀の初頭に起こった、新しい芸術の傾向・主義の総称として使われる。伝統主義に反対し、現代的な感覚ですべてを表現しようとする。近代主義・現代主義ともいう。
　日本では大正末期から昭和初期にかけて起こった文学・芸術運動を指す。

近代から現代まで、デザインの世界で圧倒的な存在感をもつコンセプトが「モダニズム」です。インテリアや食器、家電にいたるまで、生活用品全般にわたる大きな考え方の1つとなっています。

モダニズムのシンプルで機能的、なおかつ美しいフォルムを基礎に置くアイテムで勝負するショップには、高度なデザインセンスや現代感覚が求められます。またアイテムだけでなく「総合的なライフスタイルとしてのモダン」を提案する、というスタンスも特徴的です。

アンティーク

アンティークとはフランス語で歴史を経た品格をもつ「骨董品・古美術品・年代物の家具など」のことですが、「アンティーク雑貨」はもう少し身近な雰囲気になります。

数十年前のヨーロッパやアメリカの家庭で使われていた普段使いの食器や、刺繍やレースなどのファブリックもアンティーク雑貨ですし、おもちゃやバケツ、瓶、ランプ、ガーデニンググッズなど時間に磨かれた魅力ある日用品を扱うアンティーク雑貨ショップもたくさんあります。

アンティークの世界は深くて広いため、ショップオーナーはつねに勉強し、目を養うことが不可欠です。

ハンドメイド

ファクトリーメイド、つまり工場の大量生産品に対し、人間の手で1つひとつつくられる商品を中心に扱う場合、ハンドメイド雑貨ショップといえます。

バッグやぬいぐるみ、布小物などのファブリックや作家ものの陶磁器のほか、カードやメモ、シールといった文具もハンドメイド品が増えてきています。

オーナー自らが商品企画から製作まですべてを担当するやり方や、お店が素材やデザインを決めて製作専門の職人さんに発注する方法があります。

コンセプチュアル

核になるコンセプトを設定し、それに基づいて商品をそろえるスタイルです。

「海を身近に感じる」「犬に関するグッズ」「エコライフ応援」など、求心性のある強いコンセプトを決め、その周辺にあるアイテムを素材やボリューム感のバランスをとりつつ、さまざまな視点や切り口から集めます。店舗のデザインやお店の雰囲気づくりも重要です。

何よりもコンセプトとなる事柄に対し、飽くことなく追求していく強い思い入れが求められます。

■普段使いのアンティーク雑貨

絵画や宝飾といったいわゆる芸術品としての骨董ではなく、その時代に生きていた人々が日常生活で使っていた食器などのこと。フランス語でブロカント。

芸術品より価格も手ごろだが、毎日の食事に使われたプレートなどはとくにナイフ跡が多く、受け入れられない日本人も多い。

商品をどう打ち出すか？ 開業の舞台はどこに？

やりたい世界を確信したら もう一歩、具体的に踏み出そう！ 商品提供のスタイルと店舗ロケーションは、お店の性格を左右する重要ポイントだ。

お店のスタイルには3つのタイプがある

●コレクター型

コレクター・収集家は数多く、分野も多岐にわたっています。フィギュアやカード、食玩といった比較的安価なものから時計や絵画、骨董などの芸術品まで、コレクターに共通するのは、商品についてよく勉強し知っていること。店先でたまたま目についたアイテムを買うより、自分がほしいものを探し当てて購入するというパターンが多いといえます。

そんなこだわりのお客さまを相手にするのですから、ショップオーナーはそれを上回る深い知識や豊富な情報を身につけるのが鉄則。さらに、そこにとどまらず、お客さまとの会話をヒントに、どんな商品が求められているのか、また今後はこんなアイテムが注目されるかも、といった動向までも把握しましょう。

それには、つねに勉強・情報収集することが必須。何よりも「自分自身が好きなもの」のお店であることが大前提といえるでしょう。

●手づくり型

人の手の温もりが感じられるアイテムでお店を構成することは、自分を表現する場としての雑貨店という考え方にもっともよくマッチします。オーナー自身がクリエイターとして、商品企画から製作まですべて手がけるやり方もありますし、コンセプトやデザインをお店がつくり、製作は契約している職人さんに発注する方法もあります。大量生産できないため、そのお店にしかない1点モノになることも少なくありません。

ハンドメイドというと、カントリー雑貨に代表されるファブリック小物が連想されますが、アクセサリーや陶磁器など芸術性の高い分野の作家ものや、最近はパソコンでデザインしたカードやシール、メモ帳なども手づくり雑貨としての地位を確立しつつあります。

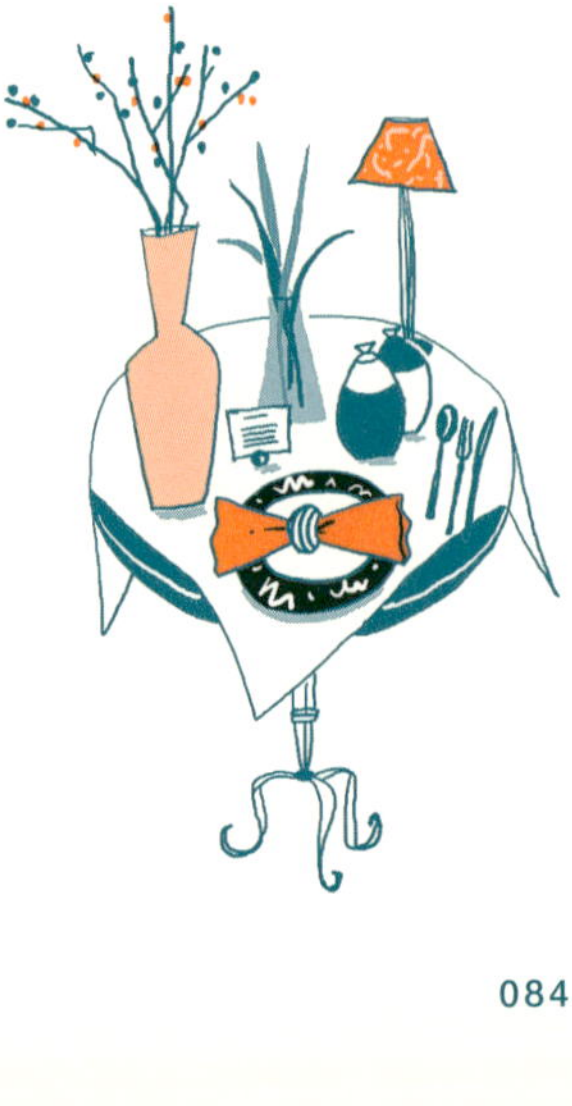

■空き店舗を低家賃で（チャレンジショップ）
さびれかけた中心市街地を活性化する活動の一環として、各地のまちづくり団体や商店街組合が行っているプロジェクト。
空き家となっている店舗を飲食業や雑貨店の開業をめざす人に安く貸し、外から〝新しい血〟を入れることでまちをよみがえらせようとする試み。

● **提案型**

強いコンセプトをもつことが成功のカギ。たとえば「エコな暮らしを楽しく快適に」というコンセプトを設定したら、それに沿ってアイテムをチョイスしていくことになります。

ここで注意したいのが、雑貨店に置いてあるアイテムは、「とくになくても暮らしていけるモノ」が基本的な性格であることです。

専門店やデパートではなく、わざわざ雑貨店に来るお客さまが何を求めているのかわかるはず。同じ再生紙を使ったメモ帳でも、ただ紙をとじたものよりひと手間かけてしゃれたデザインを施したものが、雑貨店には期待されているのです。

お店のコンセプトやキャラクターに合わせて、デパートにもどこにもない、暮らしや心を豊かにしてくれる素敵な商品をいかに選ぶか、そこにオーナーのセンスが試されます。

立地別特性と人の流れ

1 都心型

大きな都市の繁華街にお店を構えることは、不特定多数のお客さまに来店してもらうにはとても有利です。

また、吉祥寺や自由が丘、下北沢など雑貨の街として知られるエリアはショップ巡りを目的に訪れる人も多く、新規開業の場合はもの珍しさも手伝って多くの来店客が見込めるでしょう。

ただし、アドバンテージが多い分、当然シビアなデメリットもあります。郊外や地方に比べて店舗の賃貸料はとても高く、物件そのものも少ないのが実情。完全な売り手市場のため、不動産業者からいい情報が得られないこともままあります。

お店が多いことは比較される機会も多いことを意味しますし、コンセプトの類似するお店とは同一商品のダンピングが起こる心配もあります。

2 郊外型

郊外の鉄道沿線エリアは、大都市で働く人々が居住する地域として人口も多く、賃貸料もぐっと安い物件が増えます。

しかし都心部のような不特定多数の人通りはありませんし、住んでいる人は決まっているので、店舗経営が成立するだけのお客さまが来てくれる街はどこか、あらかじめしっかりと調べる必要があります。

通勤帰りにふらりと来店するといったパターンが予測できるため、候補地の最寄り駅の乗降者数や、駅前から住宅地までの人の流れ、昼と夜とで人の動きがどう変わるかといった具体的な街の様子を、何度も自分の足で実際に歩いて確かめることが重要です。

3 地元密着型

大きな街ではないけれど、自分がずっと住み着いて愛着があり、土地勘も十分にある場所に開業することも選択肢として挙げられます。

この場合、街の一員として周囲の理解や協力を得られることも多く、賃料も低コストですむと考えてよいでしょう。

ただし地域の性格上、不特定多数のお客さまの来店はあまり期待できないことも。実店舗で大きな売り上げを期待するのは難しく、利潤を考える場合にはオンラインショップを併設してもよいかもしれません。

しかし、顔見知りがたくさんいる居心地のいい街で自分の好きな世界の雑貨を提供し、地域のまちづくりにも貢献しながら余裕をもってショップ経営したい、そんな志向の人にはもってこいのロケーションといえます。

賃貸物件にするか？自宅を改装するか？

●賃貸物件

開業時の店舗は、その多くが賃貸物件。賃料は立地に大きく左右され、人気があり便利な都心部では家賃が高いことはもちろん、物件自体の空きも少なく、見つけるには相当な根気が必要だろう。

郊外型は都心型よりも安くなるが、1階の物件はやはり高め。来店者を増やすのに1階が有利なのは当然なので、都心から少し離れても1階を選ぶか、2階以上の物件でも経営が成り立つくらいのにぎわいがある場所を選ぶか、といった視点からも検討してみよう。

●自宅改装

予算的にはとても有利だが、実際にやろうとしているお店の雰囲気と自宅の近隣イメージが合うか、居住者以外の人が来てくれる程度の人通りがあるか、よく考えることが必要だろう。

また住宅街の場合、開業することで不特定多数の人がやって来ることを快く思わない住民も少なくないことを肝に銘じよう。開業するまでに、周囲の人々の理解を得るための努力も不可欠だ。

開業の前に一度はtry!?

気軽に「開業」を体験できる1坪、ワゴン、レンタルボックス♪~

開業前に、ちょっと気軽に「お店」を体験できる
そんなユニークなカタチのショップがある。
デパートのオープンスペースや催事場で
自分のお店を「予行演習」してみてもいい。

●1坪ショップ

デパートの催事場などで最近よく見かけるようになった、小さなスペースに個人単位で開いているお店が「1坪ショップ」です。

1坪といっても、実際の広さは会場によってまちまちで、2・5坪のスペースを使えるところもあれば、棚4段分のところもあります。もちろんジャスト1坪も。

期間は1週間程度から3カ月、6カ月などさまざま。スペースの賃貸料金も会場によって違います。家賃のほかに共益費や手数料、広告宣伝費などがかかることもあります。

申し込むと面接があり、扱う商品の内容などについても審査を受けます。アクセサリーや個性的な輸入小物、ハンドメイドの衣料品やファブリックなどのほか、おもちゃやコーヒーを出すお店も。

審査に通れば、晴れてショップのオーナーです。通常、契約は更新できるので、自前の店舗をもつ前に、ある程度の期間を経営の実践トレーニングの場としてチャレンジしてみるのもよいでしょう。

●ワゴンショップ

ショッピングモールのオープンスペースに数台、ときにはずらりと並んでいるカラフルなワゴンショップ。1台のワゴンに乗せられるだけの商品でお店を開くだけに、1坪ショップよりも気軽な感じが魅力です。

出店できる期間は平均1カ月くらいで、1坪ショップよりも仮設性が高くなっています。1坪ショップ同

様に、申し込み後は面接と商品内容の確認があります。また会場によっては契約更新ができなかったり、ある程度の売り上げを達成した店舗のみ契約更新が可能な場合もあります。

ショッピングモールにとって、ワゴンショップは「にぎわいを生む空間演出の仕掛け」の1つ。したがって、出店するスペースの雰囲気とお店の雰囲気がマッチしているかどうかが大切ですので、出店の申し込みをする前によく考えましょう。あまりかけ離れていると、審査に通らない可能性もあります。

●レンタルボックス

30センチ四方程度の箱をレンタルし、商品を自由にディスプレイして販売できる委託システムです。

通常はレンタルボックス専用の店舗スペースに、縦5～6段、横は5～10列程度を1つの単位にして棚のようにボックスが並んでいます。店舗によっては衣料品を展示できるハンガーラックや、ポストカード用ラックが用意されているところも。

審査に通ればどんなアイテムを展示販売してもいいのですが、ボックス自体のスケール的限界から、ハンドメイドのアクセサリーや小さめのファブリック、文具などがメインになっているようです。

契約は月ごとで、複数のボックスを借りることもできます。スペースのロケーションやボックス自体の位置でレンタル料金は変わり、地方都市では1000円程度から、都心部で一番いい位置の場合には8000円くらいと、幅があります。

●オンラインショップ

実店舗ではありませんが、もっとも手軽に商品の販売ができるショップ形態といえます。

オンラインショップは通信販売の一種とみなされますが、お店をはじめるにあたって何らかの許認可を受ける必要はとくにありません。ただし「特定商取引法」という法律の規制があり、販売価格や送料についての明確な表示義務や誇大広告の禁止、またクーリング・オフの承諾などが主な内容となっています。

オンラインショップのサイトには必ず特定商取引に関する表記があるので、一度確認してみてください。

雑貨系のオンラインショップは膨大な数があり、専門のサーチエンジンも複数あります。いろいろなショップのサイトを閲覧して、画面の見やすさや商品説明がわかりやすいかといったポイントを参考にするとよいでしょう。

■クーリング・オフ
訪問販売や電話販売による商品の申し込みや契約をした消費者が、契約書を受け取ってから一定の期間内なら契約の解除や取り消しができる制度のこと。

夢をカタチにする第一歩。自分の想いを書いてみよう

胸いっぱいに広がったお店への夢を、さらに具体的なカタチにするために文字にして書き表わしてみよう。自分でも気づかなかった細かいこだわりや、やるべきことが見えてくるはず。

コンセプトシートで想いを目に見えるカタチに

大好きな世界を、どんなやり方で実現すればいいの？　それには、まずはカテゴライズや商品提供タイプを考えていくことで、漠然とした憧れが、少しずつカタチになって現れて来るはず。

それをさらに鮮明にさせることで「お店を開業する」という具体的な事業計画がはじまるのです。

心のなかの想いをはっきりさせるのに効果的なのが、文字として書き出すこと。実際に目に見えるカタチにすることで、自分自身が気づかなかった新たな発見や、もっと煮詰めていかなければならない事柄も見えてきます。次の4つのステップに従って、お店づくりの基本コンセプトシートをつくりましょう。

①核となる夢を書き出す

もっとも基本となる、お店へのピュアな想いを文字にします。最初は「暮らしが楽しくなる雑貨を紹介したい」「手づくりマスコットを発表する場にしたい」程度でもかまいません。

②「そう思う理由」を考える

①の理由を考えることで「夢」をさらに掘り下げることになり、想いの輪郭が明確に見えてきます。

③お店のコンセプトを端的に

ここまで具体的になったところで、いよいよお店のコンセプトを決めます。なるべく短く、キャッチフレーズにつながる程度に端的にまとめましょう。

④開業イメージを描く

これらのコンセプトを受けて、開業時の具体的なイメージを考えます。予算やお客さまのニーズも考え、無理はしすぎず、確実な開業をするためのイメージを描きます。

お店づくりのコンセプトシート例

オーナー：M子さん
短大の住居学科を卒業し、不動産会社に勤務。旅行先の山村で出会った木工品に感動、ウッディなアイテムにはまってお店を持ちたいと思うようになった。

STEP 1 核になる「夢」

・ナチュラルで心を癒す木製の雑貨や食器、インテリアに気軽に出会えるお店をつくりたい。

STEP 2 なぜそう思うのか「夢の理由」

・自分が感動した「広葉樹の無垢材による木工品のすばらしさ」を知ってほしいから。
・木と緑のもつ力でたくさんの人の心を癒したいと思うから。

STEP 3 お店のコンセプト

・無垢の広葉樹だけを使った美しい雑貨や食器、インテリアのお店。
・木と緑の魅力に包まれた心地よい空間。

STEP 4 開業時の具体的イメージ

・大きなインテリアは高価なので、手ごろな雑貨や食器からはじめる。
・ミニ盆栽や観葉植物で緑空間を演出するが、濃密になりすぎず普通の暮らしにも十分対応できる洗練された雰囲気に。

たとえば、こんなお店

コンセプトシートからイメージする「私のお店」

夢を書き出して、お店づくりがちょっと具体化したなら、どんな「ナチュラルウッディな雑貨のお店」にしたいか、もっと細かなところまでイメージしてみよう。ここはもっとこうしよう！　など、より実現に近づくはずだ。

前ページのM子さんのコンセプトシートをもとに、お店づくりをシミュレーションしてみよう。具体的に店舗のデザインを俯瞰することで、コンセプトシートに書き込んだ内容以上に細かい事柄も見えてくる。

●カテゴリー
〈コンセプチュアル〉
　無垢の広葉樹を使った雑貨とインテリアのお店
●商品提供タイプ
〈提案型〉
●店舗ロケーション
〈郊外型／賃貸〉
●顧客ターゲット
　ナチュラルかつ洗練され、エコ意識も含んだライフスタイルを好む30歳代以上の男女
●チョイスする商品
・雑貨
・食器類
・照明
・おもちゃ
・インテリア
・アート作品
・ミニ盆栽
・書籍
※素材は基本的に無垢の広葉樹のみ
※国産品と欧米からの輸入品を併用
●商品販売以外の企画
　オーナーによるリース製作教室
●店舗デザイン
・木製品の映える白を基調にした店内
・都市生活者を意識し、過度なウッディ感を抑え洗練された雰囲気に
・観葉植物を適度にあしらう

レジカウンター
店内を見渡せ、かつお客さまが商品を見て歩くときに気にならないよう、店番の人は入口から見て直角方向に向かってすわる。

書籍コーナー

照明コーナー
照明はアイテムが多いので、テーブルと棚を組み合わせて陳列する。

インテリアコーナー
スツールやラック、小さめのカフェテーブルなど。

観葉植物
店内には鉢植えの観葉植物をいくつか置く。小さいものをたくさんではなく、丈があって幅をとらないものを少なめに。

おもちゃコーナー

大テーブル
ふだんはアート作品を展示。リース教室があるときは作品を移動してこのテーブルを使う。

【図解】ナチュラルウッディな雑貨のお店

食器の棚
ボウル、プレート、カップ＆ソーサーなどの食器とカトラリー類。

雑貨の棚
フォトスタンド、ブックエンド、時計などの日用雑貨コーナー。

お勧め品コーナー
ショーウインドウから見えるテーブル上にお勧めアイテムを。食器や照明など。

入口・ファサード
ガラス扉と大きなショーウインドウで店舗内部がよく見える。シンボルツリーとコンテナのグリーンを置く。

什器
テーブルも棚も木製のすっきりしたものを。必要に応じてクロスを掛ける。

ミニ盆栽のテーブル

壁・天井・床
白を基調にして明るい店内に。照明は昼光色のダウンライト、床はフローリング。

アクセサリーコーナー
ネックレスやブローチ、ペンダントヘッドなどをテーブルの上に。

キャリア13年の雑貨店オーナーに聞く　Part1

雑貨店オーナーには どんな人が向いているの？

key word　社会常識　問題意識　経営感覚

雑貨店で働いた経験がなくても、主婦や会社員からお店を開いて
成功している人も少なくない。ここにご登場いただく「VIVRE　順」の伊藤順子さんも、
そんな1人。どんな人が雑貨店オーナーに向いているかについて話を聞いた。

経験者 or 未経験者

〈業界経験者〉
ショップ・百貨店などに勤務経験がある

経験がある
だけでは不十分！

向いているのは、経営者的視点に立てる人

単に雑貨店や雑貨メーカーなどで働いていたことがある、というだけで開業に向いているかを判断することはできません。目安となるのは、勤めているときに「こうしたほうが売り上げが上がる」といった提案をしたことがあるかどうか。提案できるタイプの人は、お店や商品を経営者の目線で見ることができています。

一言コメント

経営者の目線とは、「なぜそれが売れているのか」まで、掘り下げて考えられること。それを仕入れなどに生かして店の方向性を決めていくのが、単なるスタッフとオーナーとの違いです。

〈未経験者〉
主婦・ＯＬ・会社員・フリーターなど

向いているのは、社会経験と客観的な視点をもつ人

未経験者は、「これは商品として魅力的だ」といった基準が最初はわかりません。そこで何をもって判断するかといえば、社会経験で培った常識と客観的な視点です。自分が好きな商品でも、時流や客層に合っていなければ置かない、という判断は雑貨業界に限らず一般常識で考えれば当たり前。社会経験を積んでいれば、そう困ることはありません。

社会常識があれば
あとはセンスの問題

一言コメント

雑貨店オーナーに経営センスは不可欠ですが、これは営業などの仕事でも培えますし、家計を任される主婦であれば当たり前にやっていること。未経験者でも心配いりません。

雑貨店オーナーの前職は?

いろいろな経験が生かせるから個性もいっぱい!

経験をさらに突きつめ新しい分野を開拓

ショーツブランドを立ち上げていたが、「大好きなレースで何かできないか」と発想を転換したことが、遠藤さん独自の〝フレンチカントリードール〟誕生のきっかけに。自分の経験をそのまま生かすのではなく、もう一歩突き詰めることで、お店に大きな個性をもたらした例。

メルレットルーム・カリーノ
遠藤ミホさん

人物の魅力で周囲の協力を得る

周囲の協力を得られる国分さんの魅力的な人柄は、まさに雑貨店オーナー向きといえる。フランス在住の友人が商品を買い付けてくれ、商店街の面々が開店を後押ししてくれた。また、本業の衣装デザインと両立できているのは、娘さんの存在があってこそ。

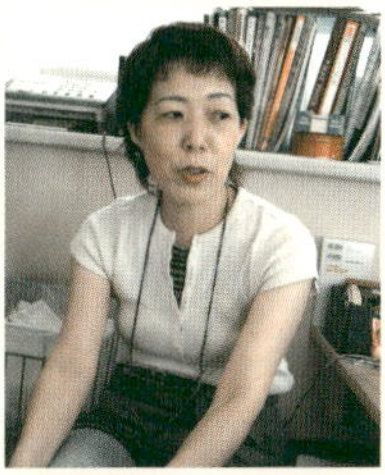
粋気者
国分みどりさん

営業職で養った経営感覚が武器

通常はロット卸しの新品国内雑貨も、チャンスがあれば頼み込んで少数仕入れにするという池田さん。リスクを回避しつつ新商品を試すなど、好きなものを扱いながらも、趣味の世界と一線を画しているのは、広告代理店という世界で磨いた経営感覚のなせるワザ。

オニグンソー
池田達哉さん

〝好きなことを仕事に〟を掘り下げて追求

いつでも海が感じられる店がなく、どうせなら自分でつくってしまおうと、ダイビングショップに雑貨店を併設開業した吉田さん。「メルレットルーム・カリーノ」の遠藤さんと同じく、自分の経験分野であるダイビングから世界を広げ、海関係の雑貨を組み合わせたアイデアが新鮮。

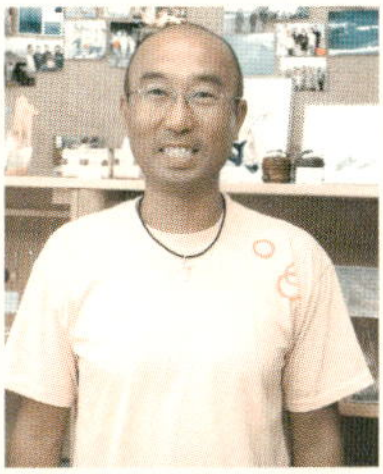
スターフィッシュ
吉田浩一さん

広い視野を大事にしよう!

トールペイント講師でもある、「LOVELY ROSE」の渡部亨子さんが主力商品にするのは人気ブランド『イマン』のホーローやガラス製品。自分の技術に固執せず、商品力のあるアイテムをそろえた判断力が光る。

「Love MAUI」の住友玲子さんは、最初オンラインショップとしてスタート。ボランティアではじめたモロカイ島ガイドとしての情報発信拠点が必要となり、実店舗を開業。自ら動く姿勢が開業に結びついた。

「designshop」の森博さんは「日本文化が衰退してしまうのではないか」と、輸入家具を日本に紹介していたサラリーマン時代に抱いた問題意識が、開業のきっかけとなった。

Owner's advice

甘えの強い人には向かない世界

「雑貨店オーナーに向いていない人」なら、すぐイメージが浮かびます。それは、「甘えが強い人」です。店をやっていると、「私もこんな店を開きたい。話を聞かせて」という人がたくさんやってきます。そして、そういう人に限って、何も買わずに出て行く（笑）。その程度の気遣いができない人に、お店の経営は難しいでしょうね。雑貨店は規模も業態もさまざまなので、人の話しはあくまで参考どまり。結局は、自分なりのやり方をつくり出していかなくてはならないんです。

適性チェックポイント

- □物事に対し問題意識をもつ
- □自分で考え行動する習慣がある
- □好きなことを追求し、さらに独自性をもたせることができる
- □近所づきあいができる社交性がある
- □感性や考えを共有できる家族や友人がいる

profile 伊藤順子さん …… 1992年、専業主婦から雑貨店を開店。「エコロジー」をテーマに、自然素材の小物や洋服、オリーブ石鹸や自然派化粧品などを扱う。お店は「VIVRE　順」（ビーブル　じゅん）住所／東京都渋谷区千駄ヶ谷1-5-3 山田ビル1F TEL／03-5410-2665 営業時間／11：00～18：30 定休日／日曜・祝日

愛されるお店のつくり方 01

「入ってみたい」「居心地がいい」の決め手は〝見栄え〟と〝わかりやすさ〟

「なんとなく好き」「つい通ってしまう」。そんなお店が放っている魅力はなんだろう？ お客さまを惹きつける大きなポイントは、見せかけでない本物の「見栄え」と「わかりやすさ」にある。

気軽に入れて商品を選びやすくするには？

お客さまがいつも店内にいて活気のあるお店には、何かいいものがあるかも？ これを逃がしてなるものか！ などと買い物客の購買意欲をいやがうえにも駆り立てます。その理由は何でしょう？

じつはお店のつくり方そのものにヒミツがあります。ここを知っているのと、いないのでは大きな差が。

お店の正面・第一印象が大切

通りに面した建物の正面をファサード（仏語）といいます。通りかかった人に「雑貨店だ」「感じいいな」「入ってみよう」と思ってもらえるかどうかを決める、いうまでもなくもっとも大切な〝顔〟です。

なによりも店内の様子がわかるのが一番大切。大きなショーウインドウやガラス扉で店内や商品をどんどんのぞいてもらいましょう。店舗が2階の場合には、外に面した窓に商品を並べたり、1階に立て看板を出せるならお店のロゴと一緒に店内写真を貼る方法も。気さくな第一印象でお客さまを店内へ導きます。

動きやすさとわかりやすさと

ほとんどの人間が〝左回り〟が歩きやすいと科学的に証明されています。店内の動線もこれが定番。通路は2人の人がすれ違える最低幅の90センチはとるのが、お店のなかを快適に歩き回ってもらう基本です。

また、同じカテゴリーで違う種類のアイテムを多く並べすぎないことが見る側にとってはわかりやすく、心理的な安心感にもつながります。

しかし、じつはこの原則を逆手にとる方法もあるのです。少々狭くて歩きづらかったり、どこに何があるか一瞬で把握できない状況は、人によっては〝迷路的・宝探し的〟な冒険空間になり、リピーター獲得の決定打になることも少なくありません。

■なぜ赤い色に目が行くのか

赤は太古の昔から火や血になぞらえられてきた色で、生命力や情熱の象徴とされてきた。乳児が最初に知覚する色ともいわれ、心理学的には人の精神を高揚させる性質がある。

また、同じ距離があっても赤いものは青や紫のものよりも手前に出て見える。人の目を引き何かを強調するにはやはり赤色が効果的といえる。

外からも見やすいお店づくり

思わずのぞきたくなる入り口

designshop（P012）
リノベーションされた古いビルの1階にあるお店。観音開きの扉からは店内の様子が見てとれ、通行人の興味を引きやすい。ビルそのものを1つのデザイン空間ととらえ、インテリアや内装まで提案。

ショーウインドウにもコンセプトを表現

左から、あーと屋雑貨店（P018）／粋気者（P048）
「あーと屋雑貨店」は有名・無名を問わずアーティスト作品をおくお店。ショーウインドウにも作家を紹介するカードを貼っている。「粋気者」のスッキリしたショーウインドウは、アンティークに強いお店ならではの雰囲気。

入り口を2カ所に設置

鴫屋（P054）
2カ所に設置された入り口からの採光で、店内は明るく、近隣に住む若い主婦などにも人気。店舗前のスペースに緑、ガーデニング用具などを配し、憩いの場にもなっている。

2階にあるお店は路上看板でアピール

DEALERSHIP（P024）
高円寺の商店街をそれた2階にあるため、階段前に自作の看板を設置。夜間の視認性も考え、小さな電球をつけた。ビル2階の外壁には看板も設置している。

商品を選ぶ楽しみを演出するお店づくり

動きやすい店内

LOVELY ROSE（P072）
自宅の一部を改装し、カフェを併設。広くはないが移動しながら選ぶ楽しみを演出。

粋気者（P048）
行きつけの美容院を手掛けたデザイナーの腕を見込んで一任。左回り動線、余裕のある通路の店内。

迷路的な店内

オニグンソー（P030）
床から壁、天井にまで商品があふれる。「どこに目をやっても何かがある」印象にしている。

偏西風（P042）
ディスプレイはあえてゴチャゴチャでわかりにくくしているが、宝探しの楽しさがある。

お客さまの"目"をとらえてお店に工夫を

人が商品を見つめる時間は、通常0・2秒程度といわれている。この短い間を有効に使って、お店づくりに生かそう。

お客さまが商品選びをするときの目の動きや特徴には、次の3つが挙げられる。

①歩きながらの視野

歩行時は上下に広い視野がとりにくくなるもの。通路の狭い部分の陳列は欲張らずに、中間位置を中心にすると見落としが少なくなる。

②立ち止まったときの視野

縦に長い什器は、店内でゆったり立ち止まれる場所に置くと効果的。歩行時より天地が見やすく、商品に対する注視時間が長くなるからだ。

③赤い色を上手に使う

もっとも人目を引く色が赤であることは多くの実験で有名な話。見てもらいたいお勧めアイテムには、赤いマットを敷いたり赤い什器を使うなど、お店の内装に考慮しつつ上手に赤色を取り入れよう。

心をつかむのはやっぱり「心」。真のサービスは必ず伝わる

お客さまとの1対1のやりとりこそお店の醍醐味、真の姿であるのは間違いない。入りやすくて居心地がよく、楽しいお店の最大の魅力を決めるのはやっぱり「お客さまを迎える心」なのだ。

お客さまから愛されるには心の動きを感じとることも大事

●自分がされたい接客こそが最高

お客さまには来店したら思う存分、ゆっくり店内を歩いてほしい。そのためにはお客さまに何の気遣いもさせないこと、いい換えれば「お店の人がまとわりついてくるかも」という不安感を与えないことが肝要です。

自分自身がお客さまとしてどんな接客を望むか考えれば、最初の「いらっしゃいませ」のあとは基本的に〝そっとしておいてもらう〟のがいちばんだとすぐわかるはず。

とくに開業直後はつい商品説明もしたくなりますが、そこはこらえてPOPを活用したり、お客さまの質問があったときにていねいに答えるといった姿勢を心がけましょう。

●新鮮さをつねに保つ

いつ行っても同じ商品、同じ店内では飽きられて当然です。「あれ！この前と変わってる」と感じてもらえる新鮮さを演出しましょう。

卒業・入学やクリスマスなどの時期はもちろん、作家もののミニ展覧会を開催したり、季節感を出しやすいファブリックや食器なら、夏は涼し気に、秋冬にはあたたかみあるアイテムを選び、場所を変えて提案風に並べればぐんと雰囲気が出ます。

●「あなただけ」を打ち出す

お客さまの誕生月に合わせてカードを送り、来店時の特典をアピールするのは、日頃の感謝を伝えられるとともに、しばらく来ていないお客さまにお店を思い出してもらうためにも有効です。

ただし、来るだけでグッズがもらえるといった内容ではそのためだけの来店になりやすいのも事実。商品購入時におまけとしてプレゼントを贈ったり、特別割引といったかたちをとるほうがスマートでしょう。

■POPを有効に使おう

POPとはPoint of Purchase（購買時点広告）の略。商品説明・価格表示・お知らせなどいくつかの種類がある。

価格表示をきちんとすることはじつはそれだけで大きなサービスだ。また商品の説明を一歩進めてショートストーリー仕立てにすれば、お客さまの興味や理解は倍増する。

POPの実例は第5章（146ページ）にて紹介。

愛される雑貨屋さんになるには こんな努力も必要！

お店のコンセプトを決めたら、わき目を振らずに前に進もう！
そして、オープン後は柔軟なビジネス感覚を忘れずに。

お店のコンセプトに合わない商品は、たとえ売れそうなものでも扱わない。

コンセプトに一貫性があれば、衣類と文房具、食品などが同じ店内にあっても違和感なく受け入れられるもの。一方で、何でも安易に仕入れるだけではお店の統一感がなくなってしまう。

オープン当初や、売り上げに伸び悩むときなどに、ついつい手を出してしまいがちなので気をつけよう。

「売れる商品」の仕入れには敏感な感性が必要。決して、不良在庫を抱え込まない。

そのときどきで爆発的に売れる商品もあるが、追加発注したとたんに突然売れなくなることも珍しくない。

また、売れているときに商品が入荷できなかったりすると、大量の在庫を抱え込んでしまうことに。

時流に乗った「売れる商品」は、一般に単価が低いものが多く、いかにたくさん売れるかが問題。またとない機会を逃がさないビジネスセンスが必要なのだ。

アート雑貨、手づくり雑貨などの提案型の商品を扱う場合、自分の趣味や考え方を押しつけない。

自分好みの商品やお店の雰囲気を、そのままお客さまが気に入るとは考えないこと。

もし、商品に人気が出ればハイリターンも期待できるが、はずれたときのリスクも大きい。

しばらく営業をするうちに、売れ筋や客層がはっきりしてくれば、それに合わせて商品構成を変えるくらいの柔軟性がほしい。

★たとえば、こんな例外も……

雑貨店の多いエリアで生き残ろうとするときには、「個性あふれるインパクトのある商品だけ」を扱ったり、「お店に共感してくれる一部の人だけ」を対象にお店づくりをする人もいる。

たしかに自分でつくったお店なのだから、「何が何でも、これでガンバルんだ！」という強い意志があればいい。

しかし、お店の基本方針となるコンセプトを決めたら、取り扱い商品には幅をもたせるほうが広い客層にアピールもでき、お店を続けながら柔軟な対応が可能だ。

個性的なお店づくりで気をつけたいこと

お店に、あまり強力に個性を打ち出すと、オープン当初のウケはよくても継続していくのが難しくなることが多い。たとえば、せっかくそろえた商品が売れない場合、在庫がかさむうえに、それに代わる商品の仕入れもまた難しく、みるみる経営を圧迫することに……。

個性的なお店づくりを成功させることができるのは、よほどの幸運に恵まれるか、時代のニーズを読み取る能力に優れていなければ難しいということを忘れずに。

ショップイメージは、商品ぞろえから接客、お店全体の雰囲気までのトータルなバランスから成り立っている。そのショップイメージがいったん悪い印象を与えてしまうと、回復するのはとても困難。お店をオープンしたばかりは、商品についての知識もこれからという時期だけに、継続的に供給してくれる仕入れ先をできるだけ早く見つけることが先決。オープンから1～2年の仕入れは慎重に行いたい。

キャリア13年の雑貨店オーナーに聞く　Part2

小さなお店で上手に売るには？

key word　相手の立場　距離感　アイコンタクト　平等

小さなお店の生命線ともいえる「接客」は
品ぞろえやショップデザイン以上に、お店に個性を与えてくれる。
ここでは、お客さんの視点に立って
「心地いい」「また来たい！」と思える接客法を考えてみよう。

Point ①

「自分がお客さまだったら」と考える

想像力を最大限に働かせ、客の視点に立った接客を

スタッフが常連客と話し込んでいて無視される、高額な買い物をしたのに顔を忘れられてしまったなど……。このとき対応したスタッフが、「もし自分がお客さまだったら」という想像力を働かせることができる人だったなら、こうした「感じの悪い店」にはならないはず。

お客さまは、顔を覚えてもらいたいものですし、一見のお客さまだとしても無視されてうれしいはずがありません。つねにお客さまの視点に立ち、どうすべきかを考えましょう。

ANSWER
ほかの雑貨店に足を運び、感じのいい店、悪い店だと感じたら、その理由を分析してみて。勉強になるはず。

Point ②

自分なりの距離感をもつ

自分とお客さまの心地いい距離を見つけて

心地いい接客とは、つきっきりでおしゃべりすることでも、放りっぱなしにすることでもありません。必要なときに必要なことを提供できるということです。

一般に、雑貨店に来るお客さまは、ゆっくり商品を見て、用事があるときに素早く対応してくれる接客を望みます。声をかけられやすい場所で作業をしつつ、声がかかるのを待ちましょう。一方、何か探している様子なら声をかけるなど、臨機応変さも必要。お客さまとの距離感を自分なりに見つけるようにしましょう。

ANSWER
こちらから声をかけるか、自由に見てもらうか。このへんのさじ加減は、経験を積めば自然にわかってくるもの。

Point ③ 「アイコンタクト」を大切にする

目線1つでお客さまの満足感が違ってくる！

オーナー1人で切り盛りすることも多い小さなお店では、接客中にほかのお客さまが来店することも珍しくありません。

そんなとき、黙って無視されたのでは「二度と来るもんか」と思ってしまうのは当たり前。たとえ手が離せなくても、目を合わせるだけで「いらっしゃい！」という気持ちを伝えましょう。

これができるかできないかで、「感じのいい店」と思ってもらえるかどうかが決まるのです。

Point ④ どのお客さまにも同じように接する

来店者すべてが「お客さま」ということを忘れずに

たくさん買ってくれる常連客はありがたい存在ですし、身なりのいいお客さまには期待が膨らむもの。

しかし、来店した人はすべて「お客さま」ということを覚えておきましょう。年齢や性別、職業などに関わらず、公平に接するというのは、サービス業の基本なのです。

ANSWER
だれがいいお客さんになってくれるかは、予測不可能なもの。だからこそ、だれにでも分け隔てなく接するべきです。たとえば、女性向けのお店に男性が入ってきてもヘンな目で見ないこと。後から奥さんやお嬢さんを連れてきてくれる場合もありますよ。

Owner's advice

いいお客さまを育てる接客をしよう

当然ながら、お客さまは友達ではありません。店内でおしゃべりしている間にも、賃料、人件費などが発生しています。決して、お客さまと仲良くするなということではないのですが、「買ってもらってナンボ」ということは肝に銘じておくべきです。

何も買わずにおしゃべりだけしに来るお客さまは、無意識であれ、あなたをプロと認めていません。自分がそう思われる態度をとっていないか、振り返ってみてください。

いいお客さまを育てるのも、あなたの仕事なんですよ。

接客チェックポイント

□お客さまの立場に立っているか
□臨機応変な接客をしているか
□だれにでも公平に接しているか
□忙しいときのアイコンタクトを欠かしていないか
□プロとして認められる接客か

個性を表現するために大切な雰囲気づくりのポイントはココ！

そこにいるだけで楽しい雑貨のお店は、いわばもう1つの世界。カジュアルでもマニアックでも、お客さまは日常とは違う雰囲気を求めてやってくる。そんな気持ちに応える素敵な空間をつくるために効果的ないくつかのポイントを紹介しよう。

●什器・インテリア

商品が見えやすいスッキリしたものにするのが基本ですが、アイテムに合わせて工夫すれば、また違った雰囲気を出せます。

たとえばアンティークの戸棚や竹を使ったラック、流木や自然石をそのまま展示台にしたものなど、日ごろ身の周りにあるものとは少し違ったテクスチャーをもつ素材を使うのも1つの方法。

ハンドメイド商品を主体とするお店なら、什器もＤＩＹでそろえると手づくり感を強調できますが、この場合、全体が安っぽくなりすぎないように注意することが必要です。

●照明

ダウンライトで雰囲気を出すのが雑貨店のセオリー。しかし商品に光源が近すぎると発熱したり、店内が暗くなったりと悪影響が出ることもあります。

通常の蛍光灯でも、和紙を貼り回してやわらかい光源に変えるなど、ちょっとしたアイデア次第で商品が見やすい蛍光灯の有利性を活用することもできます。

●色彩

商品自体がもっとも映えて見やすく、店内も明るく保てるため、内装は一般に白色を基調とすることが多いようです。

ポップな商品を主体とするお店の場合は、それに合わせて壁をビビッドな色で統一する手もあります。また自分で壁を塗ったり、什器を手づくりするなどＤＩＹ色を強く出す場合には、木調やアースカラーを基調にするといいでしょう。

●音楽

ＣＤなどの音源を自分で選ぶ場合と有線を利用する場合、お店によっては商品になっているＣＤをそのままＢＧＭに使って間接的に紹介する場合もあります。

有線は手間がかからず曲のバリエ

■有線

クラシック・ジャズ・ポップス・演歌・語学に至るまで、豊富な種類のプログラムから好みの音楽を選び、24時間配信してもらえるサービス。

通常の有線のほか、最近ではインターネットや衛星放送、ＣＳ放送も利用されるようになり、プランによって必要な機器（レンタルできる）や契約形態、料金も変わってくる。

ーションも広くなりますが、使用料が毎月の固定費に上乗せとなります。私物のCDやレンタルを利用すればコストダウンを図れますが、定期的な回転などを考えると有線よりは手間がかかります。

●香り

色や音楽に比べて地味な印象がありますが、意外にどのお店も香りには気を使っています。

お香やアロマポット、スプレーなどが一般的ですが、とくにファブリックを扱うお店の場合、匂いが移りやすいので注意が必要です。

また、個々人の好みの幅が大きいのも香りの特徴。個性が強すぎると滞留時間が短くなるお客さまがいるかもしれません。

●空間

什器も照明も日常生活と離れたクラシック感を強調して夢の世界を演出したり、どこにどんな商品があるのか一目ではわからないゴチャゴチャしたディスプレイを意図的に行って迷路感覚・宝探し感覚を楽しんでもらう方法もあります。

また、古いビルをリノベーションするなど建物自体に魅力がある場合、その空間とお店のコンセプトを融合させるやり方もあります。この場合は強い意志と安易な妥協をしないことが、物件探しの段階から必要になるでしょう。

■リノベーション

リフォームとは古くなった機能や性能を回復することだが、それを一歩進めて、できたばかりのときを上回るレベルにまで建物を再生することを指す。

美しいデザインや最新の技術・設備の導入により新築を超えるクオリティをめざすリノベーションは、リサイクルやリユースが常識になりつつある現代の建築業界で、もっとも注目されている動きの1つである。

もうひとひねり加えると……

什器

粋気者

味わい深いアンティークの戸棚。自分の好みや思い込みに走りすぎず、アイテムのもつ魅力を発揮させることが大切。

照明

偏西風

蛍光灯にベトナムの和紙を貼り回して。間接照明を上手にとり入れたり、アンティーク照明を使えば、日常とはがらりと変わった空間が生まれることも。

色彩

Love MAUI

白を基調とした店内にカラフルなアイテムが映える。商品が見づらくなったり、商品よりも店内の雰囲気のほうが勝ってしまわないように注意。

音楽

鵙屋

自ら選んださまざまなジャンルのCDがシンプルな店内に流れる。

香り

メルレットルーム・カリーノ

人気が高いバラの香りのルームスプレーを店内でも販売。商品自体のもつ香りや雰囲気を最大限に生かすため、あえて無香にする選択も。

空間

designshop

美しくリノベーションされた古いビルの姿をお店のコンセプトに重ね合わせて。

C O L U M N

国内＆海外ハンドメイド事情

雑貨店の商品ラインナップのなかでも
大きな存在感を示すハンドメイド品。
オーナー自身によるものから遠く海外のクリエイターの作品まで
昨今の手づくりアイテム事情を紹介しよう。

●国内新進作家の活躍の舞台

まだメディアにも登場しない新進の作家を発掘し、その作品を扱うことで世に送り出す……じつはそれも雑貨店の隠れた役割の1つです。作家紹介がお店の存在意義の大きな部分、というオーナーも少なくありません。

お店のコンセプトに合致する作品が多く集まれば、オリジナルブランドを立ち上げてお店の看板の1つにすることもできます。

●海外作家・製作者との協働

一点モノの海外アイテムは、それだけで大きな魅力をもっています。同じような商品がファクトリーメイドであっても、手づくりならではのあたたかみはしっかり伝わるもの。

また、発展途上国との協働作業では雇用創出につながることもあり、好きな仕事で先方の国に社会貢献ができる可能性もあります。

●子育てママを応援

乳幼児の子育てでなかなか外に出られないお母さんは、じつはハンドメイド雑貨の重要な担い手。

家で子どもに目を配りながら好きな小物をつくることは楽しく、また社会につながっていられるとの声が多数です。発注するお店側にも安定して商品を納品してくれると好評。

子育てに決してやさしくないといわれるこの国で、雑貨店のできることはこんなところにもあります。

●気をつけたい「規格」と「感覚」の違い

海外ハンドメイド品で気をつけたいのが品質に関する感覚の差です。

日本の品質管理は世界一といわれ、その精緻さや清潔さ、強度などは海外でも高く評価されています。

そんな商品に慣れている日本人から見ると、海外のハンドメイド品はときに「一体どうなってるの？」といいたくなるものも。

衣料品は少しサイズが違っていたり、見本の柄と微妙に異なる生地が使われていることもあり、これらはみな即クレームとなります。しかし製作者にはさほど大きな問題ではなく（実用に影響がないので）修正を依頼してもなかなか通じないことも。

注文数が増えれば納品が大幅に遅れることもままありますが、忙しい日本人のなかには再三催促する人もいます。つくる側では作業量に限界があり、海外では私生活を犠牲にしてまで仕事をするといった考え方は一般的でないため、そうはかみ合いません。

お客さまも作家も大事にしたい。そこでこそ、オーナーの能力が試されます。

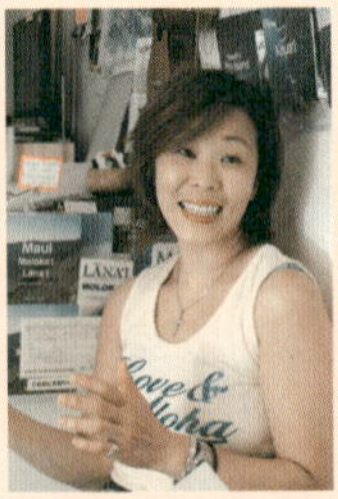

海外ハンドメイド商品は、日本でつくったものとは違うことを理解してもらうのに苦労したという「Love MAUI」の住友さん。

日本とベトナムの感性をうまくミックスさせ、オリジナルな商品を提供する「アジアン雑貨偏西風」の吉尾浩さん。

第3章

まず最初は「仕入れ」から

オープンをめざして準備をはじめよう

お店に並べる商品は、
自分の足で探し、目で選び、
そして仕入れ先から売ってもらわなければはじまりません。
どんなものをそろえるかは、
あなたの感性と、
ビジネス感覚次第。
物件をどこにするかも考えて！

仕入れってどうやるの？売れる商品の見つけ方

売れる商品をどうやって見つけ、どこからどう仕入れるかはショップの成功を左右する大きな問題だ。ここでは、仕入れをはじめるときに参考になる基本的なノウハウを紹介していこう。

まずは仕入れの流れをつかもう

雑貨店での勤務経験などがない場合でも仕入れの流れについて、これだけは知っておこう。

①商材、仕入れ先を見つける

お店のコンセプトに合った商品やそれを扱っている仕入れ先を見つける方法については、105～107ページを参照。商品の確認には、カタログやホームページを利用する。

②商談

気に入った商品があれば、事前にアポをとるか、直接会社に出向くかして商談開始。店の場所やコンセプトを説明するとともに、どの商品をどれくらいほしいかを伝え、取引条件に納得したら注文を。

③商品代金振り込み・納品

初取引では信用調査（審査）があり、商品代金は先払いというのが普通だ。審査に通れば代金を振り込み、先方が商品を発送、納品となる。

④次回からは展示会へ

メーカーや業者は季節ごとに次シーズンの展示会を行い、商品の予約・販売を行う。一度取引が成立すると、お知らせのハガキやメールが舞い込むようになるはずだ。

現金取引、最小ロット数の引き下げ交渉が鉄則

仕入れ先とのつきあい方には2つのコツがある。

①初回の取引は「現金」が基本

商品代金を月末締めの翌月払いで支払うことを「信用取引の掛買い」というが、これはお互いに信用関係があるからできること。最初から掛買いをいい出すのは非常識。掛買いを提案するのは取引回数を重ねてからだ。

②最小ロットなどの引き下げ交渉を

実績のない新規取引先に値引きすることは滅多にない。それよりも最小ロット数や仕入れの最低金額の引き下げを交渉して。小さい店にとっては売れ残りのリスクを軽くできる。

■仕入れ価格と販売価格

仕入れ価格（下代）は、メーカーなどの希望小売価格（上代）を基準に、その何%で仕入れるかで決まるのがふつうだ。これは俗に掛率といわれ、60%だったら6掛（ろくがけ）などといわれる。掛率は仕入れ先や商品によって違うが、50～70%が一般的。このほか、問屋でよく見られるのが、下代だけが示され、小売店が自由に値付けできるオープンプライスの商品だ。

■取引を断られるとき

取引を断られる理由は、近隣に同じ商品を卸している店がある、ショップイメージが自社製品に合わない、代金未回収を避けたいので後払いの場合には支払い実績がないと取引できない、など。断られることも視野に入れ、仕入れ計画を立てよう。

売れる商品の見つけ方

自分の足で

パッケージやタグから仕入れ先を調べる

ほかの雑貨店でいい商品が見つかることはよくある。パッケージやタグなどにメーカーや輸入業者の連絡先が書かれていればチェックしよう。ただし、直接スタッフに尋ねる、店内でメモするなどの行為はマナー違反。その店が苦労して集めた情報なのだから、「ちゃっかりいただいている」ことを頭におこう。

雑誌で

専門誌、業界紙などのバックナンバーもチェック

「月刊パーソナルギフト」（ビジネスガイド社）、「ザ・バイヤー」（大出版社）などの仕入れ専門誌、日経流通新聞、繊研新聞などには、仕入れ先、業界の最新情報が充実している。また、ファッション誌のバックナンバーを見て、いまの時代にウケそうなものをチェックするのも1つの手。

ネットで

オークションサイトを利用して人気雑貨を知ろう

「Yahoo!オークション」（http://auctions.yahoo.co.jp/）など、ネットオークションサイトをのぞくと人気の雑貨が一目瞭然だ。コレクターと知り合うチャンスもあり、優秀な情報収集ツールといえる。

見本市・ショーで

気軽に足を運べて初心者にもっともお勧め！

見本市やショーには、販路を増やしたいメーカー、輸入業者、卸売業者が集まり、商品の紹介や商談を行う。あちこち見て回らなくても情報が入手できるので、初心者にお勧めだ。主催者に問い合わせれば、入場手続きをしてくれる。当日は名刺が必須。

【おもな見本市・ショー】

■東京・大阪・福岡インターナショナルギフトショー（ビジネスガイド社）／日本最大の雑貨見本市
http://www.giftshow.co.jp/

■J-messe（見本市・展示会情報）　http://www.jetro.go.jp/matching/j-messe/

おもな仕入れ先①

雑貨メーカー・輸入業者・小売店から

メーカーが直営ショップを経営しているケースも

多くの雑貨メーカーは、自社工場をもたず、製造は外部に依頼するのが一般的。おもな業務は雑貨を企画し、卸売業者に販売することだ。輸入業者は、海外から商品を直接輸入し、卸売業者もしくは小売業者に卸す。

最近では、メーカーや輸入業者がショールーム的な役割を果たす直営ショップを開いていることも。直営ショップはもちろん、一般のショップでもいい商品を見つけたら、小売店向けに卸売りをしているか聞いてみよう。

卸売業者（問屋）から

歩き回るのが大変でも掘り出し物も多い！

卸売業者は、さまざまな輸入業者や雑貨メーカーから商品を仕入れ、小売業者に卸す。卸売業者が多く集まる問屋街は、会員制もしくはその場ですぐに仕入れができるところもある。

気に入った商品がすぐに見つかるとは限らないが、商品を手っ取り早く仕入れるには向いている。

【問屋街の情報サイト】
- ■東京問屋連盟　http://www.e-tonya.or.jp/
- ■TOC 五反田卸売センター　http://www.toc.co.jp/
- ■船場センタービル　http://www.semba-center.com/

おもな仕入れ先②

インターネット問屋から

地方ショップの「救世主」的存在

地方のショップの場合、インターネット問屋も便利だ。ただ、実際に商品を見ることができないので、目当ての商品があったら自分の目で確認したり、最初は少量仕入れからはじめるのが無難だろう。

【インターネット問屋】
■スーパーデリバリー（小口OK、メーカー直送）
http://www.superdelivery.com/
■ザッカネット（雑貨関連企業4000社以上が利用） http://www.zakka.net/
■オンライン激安問屋（アウトレット専門）
http://www.raccoon.ne.jp/

アーティストやデザイナーから

委託販売方式で扱うことが多い

アーティストなどから陶器、アクセサリーなどを仕入れる方法もある。通常は代金を支払い商品を買い取る「買取仕入れ」がほとんどだが、委託販売では商品を預かり、売れたら商品価格の2～3割の手数料をもらう「委託仕入れ」のことが多い。

アーティスト雑貨を扱う店ではショーケースを貸し出し、場所代をとるところも。

【アーティスト雑貨の情報サイト】
■デザインフェスタ　http://www.designfesta.com/

輸入って難しい？ 初心者にもできるはじめ方

独自性のある商品を海外から直接仕入れて販売したい。こんな希望を胸に抱いている人も多いだろう。最初から海外直輸入品をたくさん扱うのはハイリスクだが輸入に関するルールを学んで、少しずつトライしてみよう。

初心者はネット通販などから はじめるのがお勧め

海外から商品を直接仕入れて売ることは、決して難しいことではありません。輸入にもいろいろありますが、小さなお店では「小口輸入」が一般的です。自分で使うことを前提にした「個人輸入」と違い、販売目的で海外の卸売業者や輸出業者、小売業者から直接商品を少量仕入れることを指します。

「並行輸入」という言葉もよく耳にしますが、ブランドの正規代理店やメーカーから仕入れる「正規輸入」以外は、すべて並行輸入。小口輸入も並行輸入の一種です。

取引の流れは国内での取引とそう変わりません。初心者は、海外カタログ通販やネット通販からはじめるのがお勧めです。一般客向けに見やすく整理されていますし、業者用の卸売価格（whole sale）を表示しているところもあります。慣れたら、見本市やネットで見つけた卸売業者などにアプローチしてみましょう。

本当に輸入の必要がある？ 事前に十分検討すること

気をつけたいのは、ビジネス目的の輸入・販売には、許認可が必要なものがあること。食器は食品衛生法の対象商品で、着色料などが問題となることがあります。ジェトロ（日本貿易振興機構）やミプロ（対日貿易投資交流促進協会）では、海外の通販カタログを閲覧できるほか、輸入の相談も可能。規制内容はミプロのサイト（欄外参照）で見られます。

ただ、輸送費や保険料、通関料、関税などのお金と手間をかけて海外から仕入れた商品が、じつはかなりの割合で、すでに日本で出回っているということもあります。本当に国内で手に入らないのか、リサーチしてから臨みましょう。開店当初から輸入モノを中心にするのではなく、品ぞろえのバリエーションを増やすくらいのつもりではじめたいものです。

■海外の仕入れ先を見つける
①国際見本市、展示会／ギフトショー（105ページ）などには海外業者も出展している。
②国内の貿易振興機関
【ジェトロ】海外通販のカタログが閲覧できる。
http://www.jetro.go.jp/indexj.html
【ミプロ】小口輸入の相談にのってもらえる。
http://www.mipro.or.jp/
③インターネット
海外の通販サイトやメーカーなどを検索で探すことも可能。ジェトロやミプロのサイトでは、カタログや海外の卸売業者、メーカーなどの情報を掲載。

小口輸入の流れ

交渉開始

- 相手がメーカーや卸売業者だったら、メールなどで取引条件を確認。
- 必要ならサンプルを送ってもらい、色や質感をチェック。
- 規制対象のものは貿易振興機関などに相談して検査を受ける。

↓

商品発注

- 輸送方法を決め、送料の見積もりをしてもらい、注文しよう。
- 小口の荷物は国際宅配便や、国際郵便小包を利用。大口なら船か航空便による貨物輸送。
- 海外カタログやネット通販なら、最初は少量仕入れ、モノがよければ必要な数だけ注文を。

↓

代金支払い

- 小口輸入では前払いが基本。
- 国際クレジットカード、郵便局や銀行からの海外送金など、双方にとって都合のいい方法で決済する。

↓

商品が到着

- 入金確認後、商品が発送される。
- 国際宅配便は自宅に届く。国際郵便小包は国内13カ所にある税関外郵出張所にとりに行く。いずれも申告手続き不要。貨物輸送の通関業務は自分または代行業者に依頼して行う。
- 破損や輸送ミスがないか確認。

↓

商品を販売

海外の商品を仕入れるには ほかにもこんな方法が

■海外在住の家族や友人に頼む

海外に家族や友人がいれば、現地で商品を調達し、日本に送ってもらうということも可能だ。

ただし、お金がからむので、海外の見本市会場などで知り合った現地の人などに頼むのはあまりにも危険！

■現地へ買い付けに行く

憧れの現地買い付けだが、旅費や滞在費がかかるのはもちろん、売れ残りや不良品が出ると、結局は赤字ということも。

最初は旅行を兼ねて視察する程度にとどめ、少しずつ仕入れを増やしていくのが賢いやり方のようだ。ビジネスガイド社（http://www.giftshow.co.jp/）、ミプロ、ジェトロ（右ページ欄外参照）が主催する買い付けツアーに参加してみるのもいいだろう。

「最初は、現地に知り合いがいることが一番安心」という「粋気者」の国分みどりさん。

キャリア13年の雑貨店オーナーに聞く　Part3

扱う商品の見きわめ方、値付けの仕方はどうするの？

key word　育てる商品　統一感のある価格設定　値ごろ感

星の数ほどある商品をどういう視点で選ぶのか、そして価格はどう決めるのか。
これらは、お店の売り上げや経営状況を左右する大きな問題だ。
ここでは、その判断基準を紹介していこう。

商品の見きわめ方は？

その1 「売れ筋」だけでなく「育てる商品」も組み込んで

さまざまな取引先や商品を見るうちに感覚が磨かれていく

せっかく自分のお店をはじめるからには、お気に入りの商品をそろえたいものです。ただ、なかには自分は気に入っているのに、なかなか売れない、という商品も出てきます。

　もし、それが本当にいいものだという自信があるなら、並べておくだけではダメ。お客さまに手にとってもらえるようアピールし、商品を「育てる」努力も必要です。売れ筋商品のほかに、こうしたこだわりのアイテムをいくつかもっておくことが、店の魅力にもなります。

その2 メーカーや問屋へマメに足を運ぶ

優秀な雑貨メーカーや問屋は、同じ商品でもこまめにリニューアルし、使い勝手やデザインの向上に努めているものです。マメに足を運ぶことで、そういういい商品が見つかる確率がグンと高まります。

　メーカーや問屋のスタッフと会話をすることで、世の中の売れ筋や、隠れた人気商品がわかることもあります。さまざまな業者と接することで、業者の手腕を見きわめる目も養われていくのです。

その3 委託モノは自分なりの基準をつくって！

お店を開くと、さまざまな売り込みがあります。とくに陶器やアクセサリー、帽子などの小物類を委託販売させてほしいというアーティストや作家は多いものです。

　その場合、お店のテーマと商品が合っているか、商品としてのクオリティがあるかを検討するのが基本。自分なりの基準をつくり、場の雰囲気に流されないようにしてください。小さいお店だけにスペースは貴重。売れない商品を置くのは、いくら委託でも不良在庫と一緒です。

値付けのコツは？

その1 価格設定に統一感を！

お客さまの立場に立ち仕入れのときから値ごろ感を考える

1つのショップに集まる客層には、「同じ世代の人」「同じ趣味の人」「同じ所得水準の人」という共通点があります。日常的に1万円の商品を買う人と10万円の商品を買う人とでは、行く店や好みが違うものです。「この店は、商品も価格も私に合うお店」と感じてもらうためには、「3000円を中心に500円以上3万円まで」といったようにボリュームゾーンを設定し、ある程度の統一感をもたせたいものです。

その2 価格を決めるのは自分自身

書籍など、ある特定の商品以外は、お店で売る価格を雑貨店自身が決めてもいいことになっています。ただし、メーカーがつけている「希望小売価格（上代）」（104ページ参照）よりも高く値付けすれば上代のまま販売しているお店より高い！ となり、安くすれば儲けは薄くなります。季節物なので利益は薄くても最初から安く設定して売り切るか、定番品なので粘り強く値引きしないで売るか、このあたりの見きわめが腕の見せどころです。

その3 自分ならいくらで買うかが基準

値付けには、「このクオリティでこの価格は妥当」という値ごろ感が大切です。高価すぎても安すぎてもお客さまの不安をあおってしまいます。「なぜ高価なのか・安いのか」をPOPや接客で説明しましょう。値ごろ感のある値付け、といっても個々人で感覚は異なるので、実際は難しいもの。自分がターゲットとする客層のお客さまの視点に立ち、「自分ならいくらで買うか」と、つねに自問自答する必要があります。

Owner's advice

シビアなお客さまを納得させるには？

小さなお店の価格設定というのはけっこう難しく、都心の百貨店でなら当然と感じる値段でも、近所の小さなお店だと高く感じたり、ということも起きてきます。

また、小さなお店をよく利用するお客さまは自分の価値基準をもっていて、商品知識も豊富。価格の相場も知っているので、ヘタな値付けはできません。

結局、大切なのは「いくらで売るか」ということよりも、「この価格で納得してもらえる商品か」ということ。自分が買い物をするときのことを考えればわかるのですが、お客さまは「○円には見えないよね」という意外性のある商品に惹かれます。本当は5000円だけれど、1万円くらいに見える、というアレです。

ですから、私は値付けは最低限のポイントを抑えるだけで、あれこれ悩むことはしません。それよりも、意外性のある商品を探すのに時間を割いています。

価格設定

商品にはこんなお金が上乗せされる

商品価格は客層を左右し、お店の方向性を決める大切な要素だが、何を考慮して決めるべきなのか迷うことも多い。商品の販売代金に含まれる具体的な項目を解説していくので、値付けをしたり、利益率を考えたりするときの参考にしてほしい。

販売価格には償却費なども含まれる

お店のオープンを控え、あれこれ品ぞろえを考えるのは楽しいものですが、お店を長続きさせるには、商品価格がどのように構成されているかを正しく理解し、適正な値付けをすることが大切です。

商品の仕入れ値はおおよそ上代（104ページ参照）の50～70％（5～7掛）といわれます。よって、30～50％がお店の粗利益となるわけです。たとえば、600円で仕入れた商品を1000円で売れば400円の儲けが出ます。ただし、400円すべてが利益になるわけではありません。

このなかには、仕入れの際にかかった交通費や通信費、店番をしたスタッフの人件費などが含まれます。忘れがちですが、什器やパソコンなど、「償却費」と呼ばれる目に見えない経費も営業経費に含める必要があります。

経費や仕入れ費を抑えて利益率向上を図ろう

つまり、商品の販売価格は、「仕入れ費」「営業経費（通信費、交通費など仕入れにかかった費用）」「店頭経費（家賃・スタッフ給与など）」「純利益」の4本柱で成り立っているのです。

このことから見えてくるのは、「純利益」を出すには、「仕入れ費」と「経費」をできるだけ抑える必要がある、ということ。大量仕入れなどのメリットがなかなか受けられない小さな店では、開業資金を切り詰める、利益率の高い商品を仕入れる、ランチはお弁当持参といった、利益率を上げる工夫が求められます。

商品代金に含まれる費用

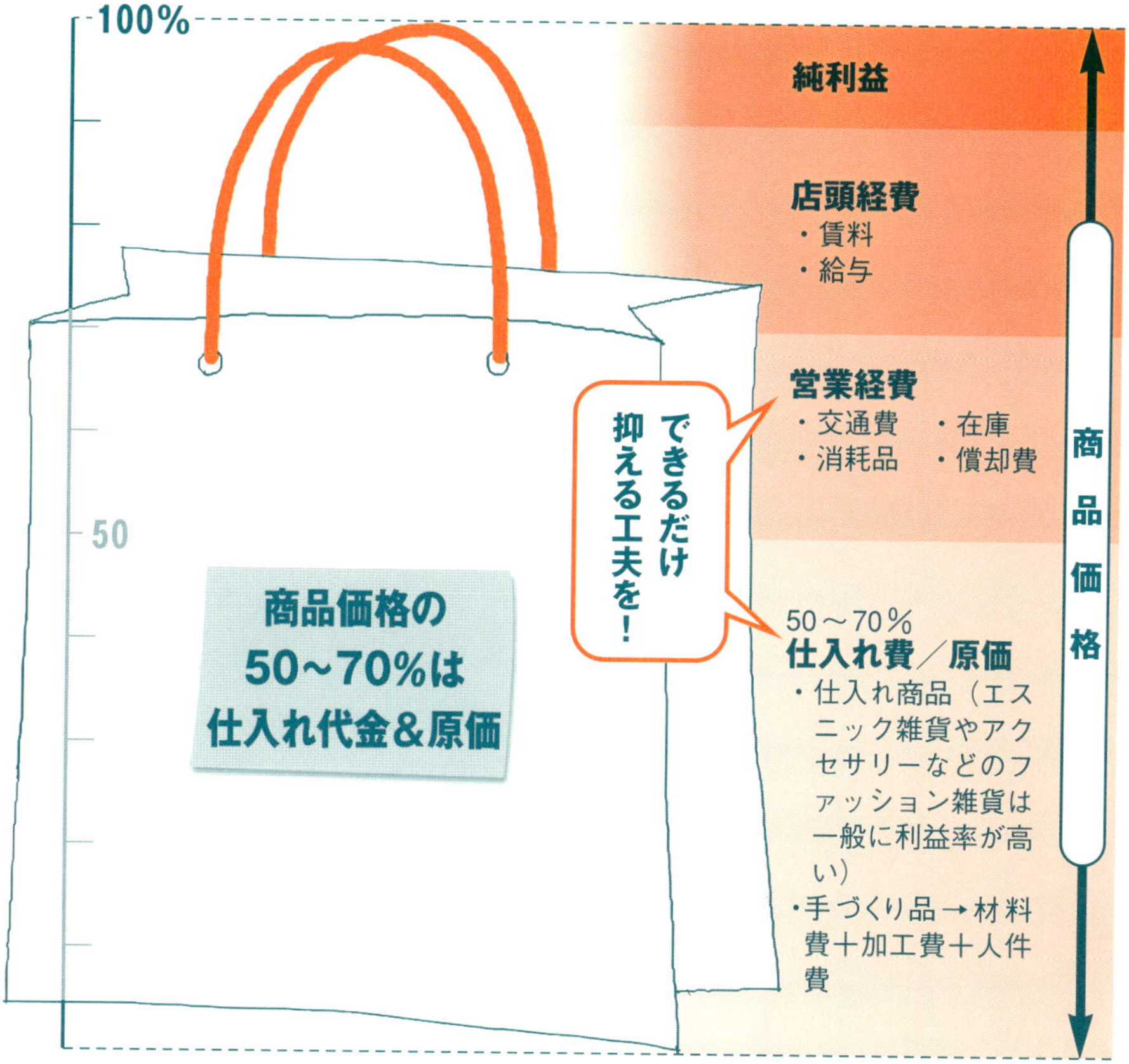
100%
50
純利益
店頭経費
・賃料
・給与
営業経費
・交通費
・在庫
・消耗品
・償却費
できるだけ抑える工夫を！
50～70％
仕入れ費／原価
・仕入れ商品（エスニック雑貨やアクセサリーなどのファッション雑貨は一般に利益率が高い）
・手づくり品→材料費＋加工費＋人件費
商品価格
商品価格の50～70%は仕入れ代金＆原価

卸売業者を通すから「高い」とは限らない

最近では価格競争の影響を受け、よほど特徴のある商品でない限り、ギリギリの利益率で商品を並べているお店も少なくない。

それだけに、なるべく利益率を上げようと、中間業者を通さずに仕入れをしようと試みる人も増えている。

ただし、経験がある人は別だが、アジアン雑貨などの現地買い付けのリスクは109ページで述べた通り。メーカーと直接取引する雑貨店もあるが、何社ものメーカーと取引する手間と時間を考えれば、卸売業者を通したほうがトータルで得、という考え方もある。

いずれにしても、本当にメリットがあるかどうかを検討してみてからことにあたろう。

現地での買い付けは「偏西風」の吉尾浩さんのように、強い思いがなければ長続きは困難。

自分のめざす雑貨店に合ったエリア・物件はどうやって探すの？

お店の立地はお客さまを呼び込むためのポイントであり、物件自体がもつ特徴は、そのままお店の個性にもなる。しかし、気に入った物件は予算オーバーであることも多い。まずは、立地を絞り込んでいくことからはじめよう。

コンセプトと一致するエリア・物件探しをしよう

雑貨店は、出店する街や場所によってお店のイメージや客層が大きく異なるため、ロケーションや物件選びは重要です。とはいっても条件のいい繁華街の駅前物件は家賃が高く、家賃が安いと人通りの少ない立地だったりします。思い通りの物件はなかなか見つからないものなのです。

ただ、大切なのは、お店のコンセプトとエリア・物件の相性です。独自性のある商品を扱っているなら繁華街や駅前の立地にこだわる必要はないですし、アクセサリーを中心に展開するなら、駅前の「うなぎの寝床」のような小ぢんまりしたスペースでも十分やっていけます。

出店したい街や物件が見つかれば、徒歩10～20分圏内を歩いてみましょう。競合店の数や特徴はもちろん、人通りが時間帯・性別・世代・平日と週末でどう変わり、お店の客層に合っているかもチェックします。場合によっては、出店場所を考え直したり、品ぞろえを調整する必要もあります。

物件はお店の個性にもなるため、広さや形がコンセプトにふさわしいか見きわめることが大切です。使い方を提案したい雑貨を扱うのか、ごちゃごちゃ感を出したいのかで、求めるものが違ってきます。

なお、物件には、設備や内装などが何も施されていない「スケルトン」と、前の店舗の設備や内装をそのまま引き継ぐ「居抜き」があります。居抜きは造りつけの棚や什器などがそのまま残されている場合もあり、開業資金を抑えたい人には魅力的です。一方で、不要な場合は廃棄費用を負担することにもなります。前の店の業種や営業期間を聞き、イメージの悪い場所ではないか調べるのも忘れないようにしましょう。

■悪条件の立地でも……

条件のよくない場所で開業しても、その弱点を発想の転換で強みに変えているお店もたくさんある。へんぴな場所では1人ひとりのお客さまに丁寧な接客ができるし、2階店舗では個性的な看板で隠れ家的な雰囲気を演出できる。

また、独自性のある商品を扱うなら好立地でなくても大丈夫、というのはこの業界の常識。

出店ロケーションのいろいろ

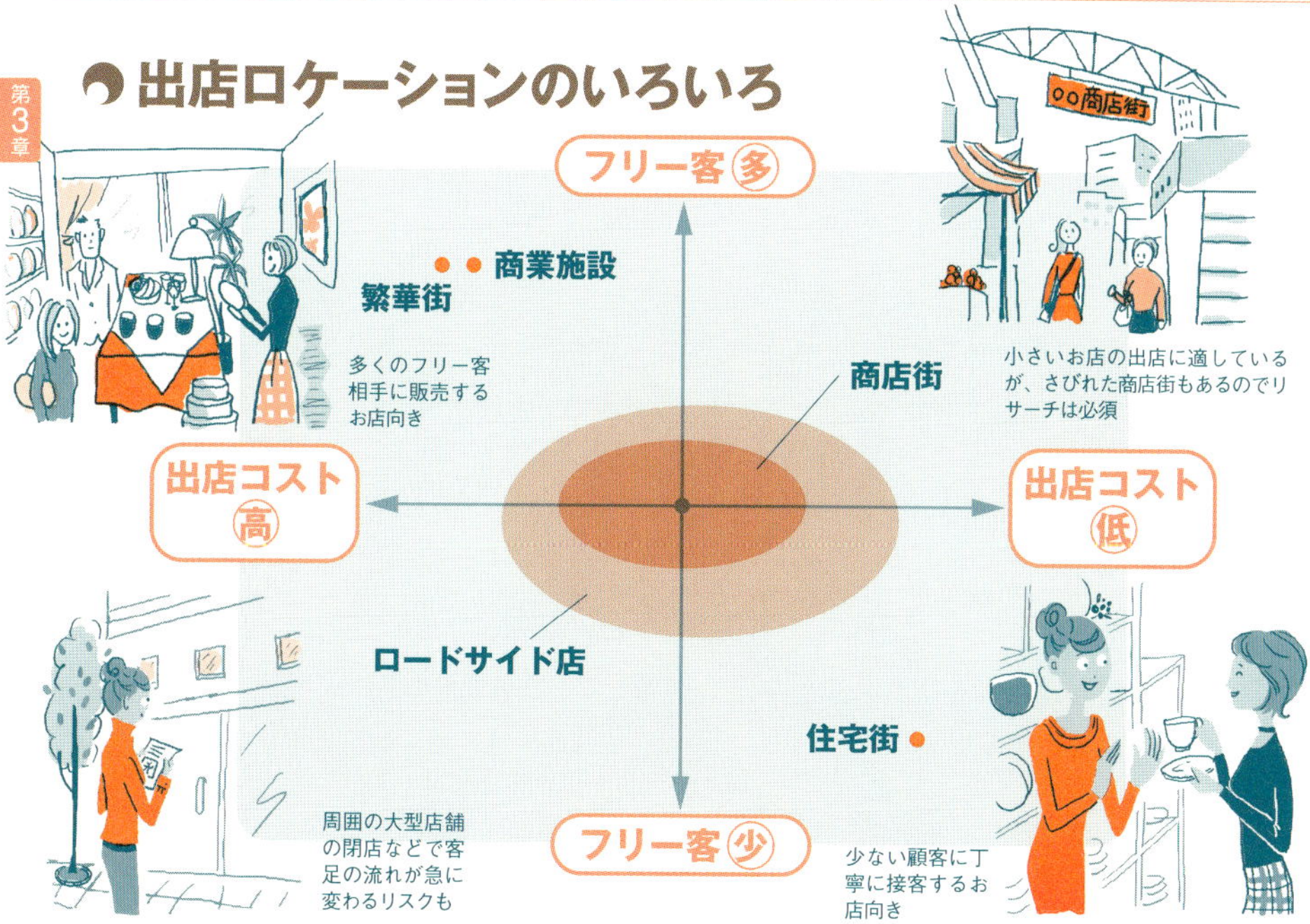
○○商店街
フリー客多
フリー客少
出店コスト高
出店コスト低
商業施設
繁華街
多くのフリー客相手に販売するお店向き
商店街
小さいお店の出店に適しているが、さびれた商店街もあるのでリサーチは必須
ロードサイド店
周囲の大型店舗の閉店などで客足の流れが急に変わるリスクも
住宅街
少ない顧客に丁寧に接客するお店向き

物件探しの手順

開業エリアの選定
予算的に無理ならエリアを広げるか変更

▶

エリア内の物件探し
最低でも5～6件は見て家賃相場などを比較

▶

候補物件の検討
妥協できる点、できない点を検討

▶

正式な賃貸契約
売り上げ予測に占める家賃の割合が妥当なら契約

動線について知っておこう

動線とは、人やモノなどが移動する経路を指す。お店の出店エリアや物件を決めるときは、この動線が大きなポイントになってくる。路地裏の通りでも、必ずそこを通らないと駅へ行けないため人通りが多い場合もあるし、人通りは多いがサラリーマン中心でショップには足を止めない場合もあるからだ。

このように、好立地とは「人通りが多い」「大きい道路に面している」ということだけで単純には判断できない。細かくリサーチしていけば、人がまだ目をつけていない、あなただけの「好立地」が必ず見つかるはずだ。

動線の見きわめポイント

- □ 人の流れはあるか
- □ 通行量はどれくらいか
- □ 通行人の目的は
- □ 近くに人の集まるポイントはあるか
- □ 入りやすい店構えか

人気店の様子、人の流れを調べてみよう

ショップ開業を決意したら、自分が出店したい街を歩き、人気店や人の流れを調べるのが鉄則だ。ただ、商品を楽しく見ているだけではプロとはいえない。ポイントを押さえ、効果的なリサーチをしよう。

先入観を捨ててくまなく街歩きしよう

同じ街でも、駅前か住宅街かで雰囲気は大きく変わります。そのため、競合店の様子や人の流れを知ることは、そこに出店するかどうかを見きわめるポイントになるとともに、自分がお店を開いたときにどんな人が来店しどんな買い方をするのか、イメージをつかむことにもなります。

街を歩くときに気をつけたいのは、固定観念を取り払うこと。駅からの距離、建物の1階、2階、路地を何本入るかによって、人の動きは変化します。「表通りは閑散としているのに、路地裏の店に入ったら、お客さまがたくさんいてビックリ」ということもあるのです。

競合店はライバルにも味方にもなる存在

気に入った物件があったけれど、競合店が近くにあるからあきらめた、という話をよく聞きます。しかし、「競合店」の存在は、ときとしてプラスに働く場合もあります。同じ好みをもったお客さまが集まってくることもあり、必ずしも不利になるとは限りません。

エリアと競合店の特性によってケースバイケースなので、自分のお店にとって有利なのか不利なのか、見きわめが必要です。

競合店以外の店にも注意を払いましょう。ランチタイムのある飲食店などに来る客層が自分のお店と合えば、そのお客さまを呼び込める可能性もあります。

ちなみに、1章で登場したオーナーの多くは、「土地勘のあるエリア」に出店している人がほとんどです。自分が慣れ親しんだ街であれば、次ページで挙げたような項目は、たいてい頭に入っているもの。

土地勘がなくても、綿密なリサーチを行えば問題はありません。街の様子を知っているということはやはり強みです。

■人気のないお店もチェック
人気店ばかりでなく、人気がイマイチの店に注目することも、反面教師としてとても勉強になる。「いいお店なのになぜ来店者数が増えないのか」「なぜ売れないのか」と分析することで、自分の店づくりに生かすことができるからだ。

競合店のリサーチポイント

ショッププロフィール

- 立地・人の流れ………客層に合う人の流れがあるか
- ネーミング……………店名の由来などは参考になる
- 運営者…………………バックボーンは大手か個人か
- 営業時間・定休日……その立地に人が集まる曜日や時間が推測できる

顧客データ

- タイプ…………………年齢、性別、好み、所得、仕事など
- 買い方…………………まとめ買いか、単品買いか、ギフトか、自宅用か
- 住んでいるエリア……近所か遠方か、あるいは通っているのか

店舗デザイン

- 外装・入り口…………目立つか、何のお店かひと目でわかるか
- 内装・照明……………コンセプトに合っているか
- 面積・レイアウト……商品と空間のバランスはいいか
- 什器……………………造りつけか、既製品の設置か

商品構成

- テイスト・スタイル…自分のお店とどう違うか
- 価格……………………相場に対して高いか安いか
- 在庫……………………在庫をどう管理しているか

売るための工夫

- 接客……………………フレンドリーか丁寧か
- POP …………………オーナーの主張が出ているか
- ショップカード………デザインやわかりやすさはどうか
- ユニフォーム…………すぐスタッフだとわかる服装か
- BGM、香り …………商品を探すのにうるさくない音や香りか
- ラッピング……………包装技術はどうか、独自の工夫をしているか
- ホームページ…………実店舗とどう連動しているか

キャリア13年の雑貨店オーナーに聞く　Part4

お店をデザインしてみよう

key word　ディスプレイ　動線　ゴールデンライン

限りあるスペースのなかを効率的に使うには、「動線」がポイントになる。
お客さまがお店のなかでどう動き、スタッフがどう対応していくのか、
動線をシミュレーションしながらコンセプトに合ったショップデザインをしていこう。

Flow Planning 動線を考える

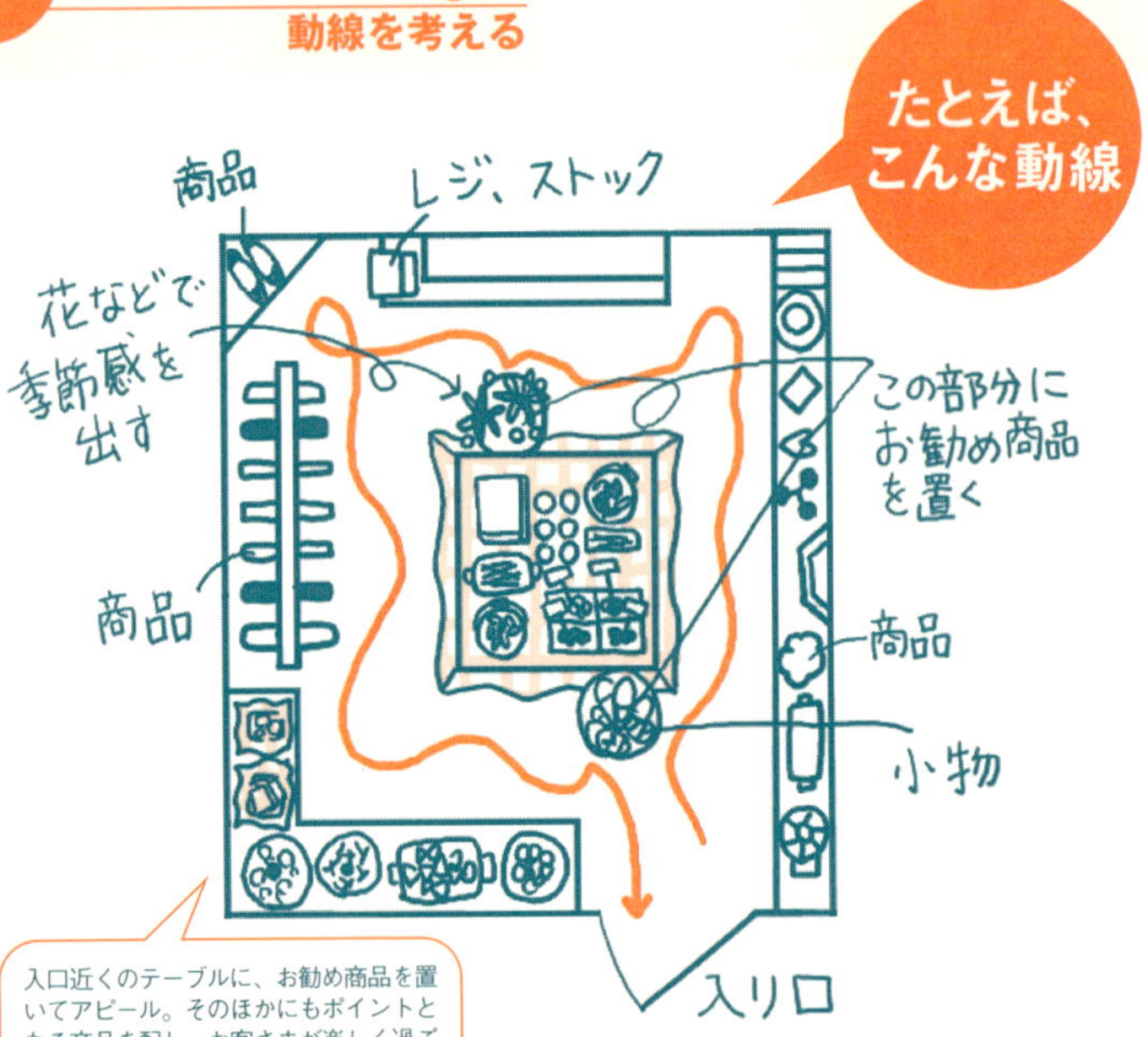

たとえば、こんな動線
商品
レジ、ストック
花などで季節感を出す
この部分にお勧め商品を置く
商品
商品
小物
入り口

入口近くのテーブルに、お勧め商品を置いてアピール。そのほかにもポイントとなる商品を配し、お客さまが楽しく過ごせる工夫をしています。

雑貨店の動線（115ページ）には、「お客さまの動線」と「店側が作業するための動線」の2つがあります。お客さまが店内をどう回るかを何となく感じとれ、気になる商品の前で足を止めてもらう工夫とともに、作業中のスタッフがお客さまに呼ばれたときにすぐ対応できることを意識して、動線をつくりましょう。

レジの位置もポイント

「レジは店内奥でその後ろにストック」というのが雑貨店によくあるスタイル。一方で、「オニグンソー」のように、外の商品が見えるよう入り口付近にレジを置いているお店も。お店によって最適なレジ位置は異なる。

狭いお店の動線は？

壁や棚、テーブル上などに商品を置き、お客さまの足をあちこちで止める工夫をしている「偏西風」。かと思えば、「Love MAUI」（写真）のように、壁面にだけ棚を置き、開放感を大切にしている例も。店のコンセプトによっても動線は変わってくる。

Display Planning ディスプレイを考える

ディスプレイは、商品を魅力的にアピールし、お買い上げにつなげるためのテクニックの1つ。見た目だけでなく、在庫確認や品出しのしやすさも考えながら配置したいものです。ちょっとしたテクニックを覚えてライバル店に差をつけましょう。

優先順位をつける

売りたいものは棚の前に出し、左部分に並べる。人間の視線は水平に左から右に動くもの。視線の導入部である左側に置くことで、お客さまにファーストインパクトを与えよう。

ボリューム感のある「DEALERSHIP」の店内。

構成

どんな商品にも応用できる、高さの違いを生かした「三角構成」（写真：メルレットルーム・カリーノ）のほか、「左右対称構成」「左右非対称構成」「リピート構成」などがある。

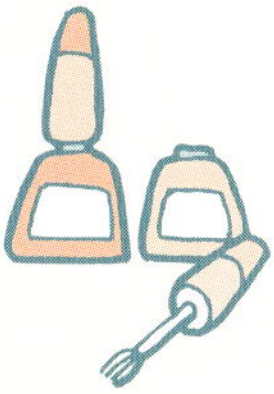

商品をアピールする

商品をアピールするには、さまざまな方法があります。写真で紹介している以外にも、「色をグラデーションで並べる」「触って試しやすいようにする」などの方法があります。

グルーピング

ファクトリーものも作家ものも、同じ種類の商品は一緒に置いて、買いやすくしている「スターフィッシュ」。違う商品でも同じモチーフを使っていれば、一緒に並べる場合も。

テーマ設定

もっとも目立つ入口付近のディスプレイは店の顔（写真：偏西風）。コンセプトを代表する商品でテーマ設定を。

お勧め商品はゴールデンラインに置く

床上85～125cmはゴールデンラインと呼ばれ、人がもっとも商品を見やすい位置。お勧め商品はここへ。

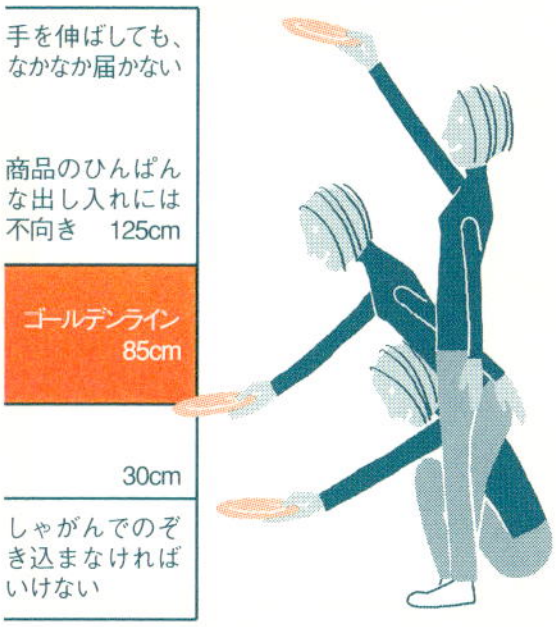
手を伸ばしても、なかなか届かない
商品のひんぱんな出し入れには不向き　125cm
ゴールデンライン 85cm
30cm
しゃがんでのぞき込まなければいけない

アイキャッチと買いやすい陳列を併設

各コーナーには、新製品や季節感のあるディスプレイと、商品全体が見やすく並べられている陳列を併設して（写真：鵙屋）。

ショップデザインチェックリスト

- □ 店のコンセプトとデザインは一致しているか
- □ 客、店側、両方の動線を考えたレイアウトか
- □ ディスプレイが品出しなどの邪魔になっていないか
- □ 見た目の美しさだけでなく、商品を選びやすい陳列になっているか

Owner's advice
コンセプトに合ったお店のデザインとは？

コンセプトとショップデザインを一致させることは、小さいお店にとって思いのほかに難しいことなのです。小さいお店はアイテム数が限られていますから、グルーピングなどのテクニックが思うように使えない場合もありますし、什器でいいものが見つかっても、狭い店舗ではサイズが合わないこともあります。

でも、方法がないわけではありません。そんなときは、「色」を利用してみてください。ナチュラルな雑貨を扱っているなら、什器や備品を購入するときに、ベージュのものを選ぶようにすると、自然に統一感が生まれますよ。

内装工事の依頼の仕方

コンセプトをカタチにしてくれる設計・施工会社に依頼しよう

物件が見つかったら、自分のお店にふさわしい内外装を考えよう。工事が必要だと判断したら、どんな雰囲気にしたいのかを業者に具体的に伝えよう。数社から見積もりをとってムダをなくす努力も大切だ。

店のイメージを固め工事が必要かどうか判断

雑貨店の場合、外装・内装工事をするかどうかはオーナーの判断1つです。

第1章で紹介したお店を見ても、工事費は自宅開業のため0円、DIYですませて数十万円、プロに任せ500万円と、じつにさまざま。

まずは店の間取り図に什器を配置するなどしてイメージを固め、工事が必要かどうかを判断します。気をつけたいのは、予算オーバーし、開業後の運転資金に影響が出ること。できることは自分でこなし、出費を抑えることも大切です。

工事の発注先は3通りある

もしプロに頼むとすれば、次の3通りの方法があります。

①設計事務所に図面を引いてもらう→施工会社を紹介してもらう

気に入った内外装のお店があれば、担当した設計士や設計事務所を紹介してもらう手も。ただし数万円～数十万円の設計料が必要に。施工は、設計士とつきあいのある業者を紹介されるのが一般的です。

②工務店に一括発注する

工務店は、大工や左官などを束ねるところ。3坪以下の小さいお店なら割安に図面を引いてくれるので、設計士に頼むまでもない場合も。工事費はやや割高ですが、工期管理をしてくれるメリットが。

③大工、左官などに個別発注

部分的に直したいところがあれば、街の職人さんにお願いするのもいいでしょう。気が合えば、ちょっとした手直しなども頼めます。

工事を依頼するポイントは、自分のイメージと予算を、明確に詳しく伝えること。工事は予想外の出費がつきものなので、予算は限度額の9割を上限として提示し、1割は予備費に。見積もりは複数の会社からとり、比較検討することも忘れないで。

■業者に依頼するポイント

- コンセプトやイメージ、全体の雰囲気はできるだけ具体的に。同じ「カントリーテイスト」でも人によってイメージが違うもの。
- 色、形、素材は具体的な希望があれば伝える。
- 気に入っているショップの内装を手がけたデザイナーを紹介してもらうのも1つの手。
- 壁と床のマッチングを考える。
- 照明計画を立てる際は、何をどこにどう配置し、どう見せたいかを伝える。

工事の依頼から完成までのスケジュール

START!

業者を探す

気に入ったショップに設計・施工会社を教えてもらい、そこに依頼する方法も。ホームページなどで検索、タウンページで探す、近所の工務店に声をかけるといった方法も。

イメージを伝え、見積もり依頼

お店のコンセプトやイメージを詳しく伝える。

設計・施工会社の決定

見積もりは、2～3社からとって価格が妥当か検討。

細部を詰める

店舗物件で工事に関して禁止事項がないか確認。図面を見ながら使う資材や素材などの細部を詰めていく。

工事の開始

工務店が立てた工期スケジュールに沿って工事が進む。

工事のチェック

小さいお店の工事は工期も短く、職人さんに後回しにされがち。できれば、毎日現場を訪れ作業をチェックしたいところ。追加工事などは早めにいわないと手遅れになることも。

GOAL!

完成・引き渡し

引き渡し前には、納得できない部分の手直しをしてもらうなどの交渉も。職人さんとは友好な関係を築いておけば、開業後も何かと便利。

COLUMN

自宅を改装するときのポイント

店舗取得費や家賃がかからないため、人気が高まっている自宅開業。
だが、改装にあたってはどんな点に注意すべきなのかは意外と知られていない。
自宅改装のイロハを知り、テナント物件などと
メリット・デメリットを検討してみよう。

生活動線を考慮して改装部分を決めよう

最近、住宅街で自宅を改装した雑貨ショップがオープンしているのをよく見かけます。自宅開業はリスクが少なく、いま注目されている開業スタイルの1つ。3坪以下の店舗なら、建築確認申請料、固定資産税などが不要。店舗取得費もかからないため、少ない資本でお店をはじめられ、家賃が不要なので多少の赤字でも軌道に乗るまでもちこたえられるのが大きなメリットといえます。自分の思いのままに改装できる点で、内装の自由度も高くなります。

ひとくちに自宅を改装してお店を開くといっても、いくつかのパターンがあります。自宅の一部を改装するときは、道路に面した部分を店舗にするのが一般的ですが、部屋を改装した場合、玄関を上がってそこまでお客さまを誘導するのは至難のワザ。敷居が高い印象は否めません。よくあるのは、玄関スペースをそのまま店舗にするというもので、家族用の玄関を別につくる必要がありますが、勝手口があればそこを手直しして使ってもいいでしょう。

1階もしくは2階を店舗専用スペースにする、という方法も。2階が生活スペースや店舗になる場合は、お店に足を踏み入れなくても家族が出入りできる外階段が必要になってきます。

このほかによく見られるのが、庭に店舗を建てるパターン。トイレなどの問題があるので、できれば渡り廊下、裏口などを設置し、お店と自宅を行き来できるようにしたいところ。

自宅改装を成功させるポイントは、開店後の生活をシミュレーションし、自分と家族の生活動線をイメージすることです。そこで、どの部分を改装するか、どう生活空間と店舗空間とを分けるかが見えてくるはず。生活感を見せない工夫も必要で、意外に盲点なのが料理などの臭い。改装時に、業者に相談してみるといいでしょう。

さらには家族の協力や近隣住民の理解を得る努力、駐車場の確保なども忘れてはいけません。一般住宅の場合、改装して駐車スペースを確保しても停められる車は2〜3台が限度。可能であれば、近所に声をかけ、昼間あいている自宅駐車場を使わせてもらえるようにお願いしてみましょう。

ここに注意しよう！

- 3坪以上の自宅店舗は、設計士への依頼、建築確認申請料、固定資産税が必要。
- 交通の便がよくない住宅地の店舗には、駐車場が必須。
- 開業後は、不特定多数の人が出入りすることを快く思わない住民も。普段から良好な人間関係を築いておくこと。
- 生活感を見せない配慮を欠かさない。
- 人を雇わない場合は、普段の家事や仕入れ時の店番などに家族の協力は絶対条件。

第4章

マネー＆経営プラン

気になる「お金」と「売り上げ」の立て方

雑貨屋さんをはじめるには
お金はいくら必要？
そして商品管理はどうやるの？
お店をはじめたからには
長続きするよう、しっかりした
経営プランが必要です。
効果的なディスプレイ方法についても
勉強しておきましょう。

開業するときのお金はどれくらい？ かかるお金の内訳を見てみよう

「こんな店にしたい」「あの商品を仕入れたい」と膨らむ夢を実現するには、お金の計算は欠かせない。開業にはいくらかかるのか、何にいくら必要なのか、しっかり把握して、オープンに備えよう。

業態や規模によって開業資金には幅がある

あなたが開業を考えているような雑貨ショップは、じつは行政に認識されていない業種。残念ながら資金の平均などについての統計がありません。そこで、参考になるのが第1章に登場したショップの開業資金。「偏西風」の62万円〜「粋気者」の817万5000円と、じつに幅があります。

飲食店のような大がかりな設備投資を必要としないため、どこにどうお金をかけるかはあなた次第。開業資金は、「いくら必要か」というより、「いくらで店を開きたいか」と考えたほうがよさそうです。

無駄はできるだけ避け運転資金を残そう

開業資金は、大きく次の4つに分けることができます。

ポイントは、どの費用でも複数の業者から見積もりをとり、相場を知ること。余分な出費は抑え、仕入れ費や運転資金を増やしたいものです。

①店舗取得費

物件を借りるには、保証金、敷金・礼金、仲介手数料などが必要です。担保として支払う保証金は、家賃の10〜12カ月分が目安。最近は保証金がない物件も増えているので、手もち資金が少ない人にはねらい目です。

②内外装・設備工事費

内外装工事、空調工事、水道・ガス・電気などの設備工事などが含まれます。居抜き物件では、自動ドアや空調などの工事をしなくてすむので、節約になります。

③備品・消耗品

什器やインテリア、伝票、トイレ用品、ショップカード制作費などが含まれます。

④その他諸経費

仕入れ費や運転資金、オープン前から手伝っているスタッフの給料も必要。税金や保険、商店街に加入すれば会費など、予定外の出費もあるので予備費をつくっておくと安心です。

■運転資金

お店を開業するときには、開業前に必要な「開店資金」、開店後に必要な「運転資金」の2種類を用意する必要がある。運転資金には、自分の給料も含めた人件費、家賃や光熱費などの店舗維持費、仕入れ費用、交通費や通信費などの営業諸経費、借入れがある場合はその返済などが含まれる。貯えの目安は家賃の3〜6カ月分といわれるが、お店が軌道に乗るまでは赤字と考えると、多いに越したことはない。

必要なお金を計算してみよう

	内訳	金額	備考
店舗取得費	保証金	円	家賃の何カ月分か
	手数料	円	家賃の何カ月分か
	造作譲渡料	円	居抜き物件の場合のみ
	（敷金）	円	業者に有無を確認。あるなら家賃の何カ月分か
	（礼金）	円	業者に有無を確認。あるなら家賃の何カ月分か
内外装・設備工事費	内外装工事	円	坪あたりいくらか
	設備工事	円	電気・ガス・水道・空調の各工事。坪あたりいくらか
備品・消耗品費	家具・什器	円	レジ、イス・テーブルなど
	インテリア	円	観葉植物、照明器具など
	消耗品	円	伝票、文具、掃除用品、トイレ用品など
	制作物	円	チラシ、広告、ショップカード、メニューブックなど
その他諸費用	仕入れ	円	間取り図に棚を書き込み、そこに何をどれくらい置くか考える
	運転資金	円	多ければ多いほどいい
	予備費	円	
	合計	円	

思わぬ出費に備え ゆとりある資金計画を

「節約するぞ！」と心に誓っていても、予算より少し高めの物件になったり、居抜き物件の自動ドアの調子が悪く修理を頼んだりと、予想外の出費は発生するものだ。

　また、内装が思うように仕上がらなくて追加工事にお金がかかったり、慣れない仕入れで発注数を間違え、在庫を抱え込んでしまうことも珍しくない。

　突然の出費にあたふたするか、落ち着いて対処できるか。この差は、十分な運転資金があるかないかによって左右される。売り上げだけに目を奪われて仕入れに全部つぎ込んでしまうのはハイリスク。開業資金のなかに「予備費」をつくり、ゆとりのある資金計画を立てよう。

開業後にかかるお金

お店を運営するにはこんなにお金がかかる!

開業資金ばかりに目がいき、開業後のお金の心配なんかしてられないという人は多いだろう。でも、お店を長く続けるためにもどんな経費が必要なのかを押さえ、利益を出すための売り上げを見積もっておくことが重要だ。

ショップ経営に必要な経費は「固定費」「変動費」

お店は開業してからが本当の勝負。細かいことは、おいおい覚えていくとしても、お店を維持していくのに必要なお金にはどんなものがあるのか知っておくことは大切です。

お店を運営していくお金は、2つに分けられます。1つは、売り上げがあってもなくても毎月決まった額が出ていく「固定費」。家賃や人件費、自分の給料、光熱費、電話料金、ローン返済費などがこれに当たります。2つめは、仕入れ費やイベント開催費など、オーナーの考えや売り上げ次第で毎月変わる「変動費」です。

帳簿付けは家計簿感覚で

経費を何にいくら使ったかを整理しておかないと、確定申告（138ページ）のときに困りますし、仕入れなどに使えるお金がいくらあるのかつかむことができません。お金の管理は難しく考えず、〝家計簿感覚〟で楽しくやってみてください。

まず、大きなお金の流れをつかむため、個人名義でお店専用の通帳を新たにつくります。お金のやりとりはすべてこの通帳を経由して行うことで、支払いの出勤記録、売り上げの入金記録が残ります。

次に、毎日の売り上げや経費などの出入りをつかむ「金銭出納帳（現金出納帳）」、俗にいう帳簿をつけます。出納帳は文具店などで手に入りますし、パソコンソフトを利用してもいいでしょう。

経費は、領収書がないと税務署に認めてもらえません。領収書は専用ノートをつくって貼りつけ、横に明細をメモしておきます。これも確定申告のとき必要です。

経費がどれくらいかかるかあたりがつくと、どれくらい売り上げれば利益が出るのかわかります。左の「月間売り上げ目標の立て方」の計算式に数字を当てはめてみましょう。

■損益分岐点とは？
左ページの計算式で出る数字を「損益分岐点」という。これは、損益の分かれ目のこと。この額を超える売り上げを出すと、利益が出る。開業後は現金取引が多いので心配ないが、仕入れ代金が翌月払いになる売り掛けで仕入れるようになると、流動経費がドンブリ勘定になりがち。損益計算書をつける習慣を身につけておくと、ひと目で経営状況がわかって便利だ。

経費の管理に必要なモノ

預金通帳

個人名義で新しくお店専用の通帳をつくる。お金の流れをはっきりさせるのが目的なので、できれば入出金は銀行の窓口で行おう。払い出し票や入金票の備考欄に「開業資金」「○○支払い」などと書いておくと、通帳に記帳される。

金銭出納帳(現金出納帳・帳簿)

最近は、使い勝手のいいパソコンソフトも出ているのでぜひ利用したい。

領収書管理ノート

領収書＝経費の数字は帳簿につけ、1カ月ごとに集計しておくと、確定申告のときに便利。レシートが出ない電車代やコピー代などは「出金伝票」に金額と明細を記入し、ノートに貼っておこう。

月間売り上げ目標の立て方

{(固定費＋変動費)÷粗利益率}

- 固定費：家賃や人件費、自分の給料、光熱費、電話料金、ローン返済費など
- 変動費：仕入れ費、イベント開催費、広告宣伝費など
- 粗利益率：粗利益率とは、経費を引く前の売り上げに占める利益の割合のこと。6掛(60％)で仕入れた場合、粗利益率は40％となる

■月間売り上げ目標

固定経費が50万円、流動経費が30万円、粗利益率が40％の場合

(50万円＋30万円) ÷0.4＝200万円

■1日の売り上げ目標

200万円÷25営業日＝8万円

1カ月に200万円、1日に8万円売り上げれば、黒字となる！

オーナーの給料設定はどうする？

経費を考えていくうえで、「自分の給料はどう扱えばいいのか」と悩む人も多いだろう。

会社組織の場合は「社長と会社のサイフは別」という考え方なので、社長の給料額は予測される売上高に見合った額を最初に取り決める必要がある。それにしたがって会社から社長へ支払われる、というシステムだ。

一方で、ショップなどの個人事業主の場合は、「店の売り上げ＝オーナーのもの」。ただ、従業員の人件費は経費となるが、オーナーの給料は税制上経費として計上できない。営業利益のなかからオーナー自身の給料を捻出できなければ、貯金を切り崩すなどして生活費をつくらなければならないことを忘れずに。

開業資金の借入れ

お金はどうやって借りればいいの？

自己資金で全額まかなえるのが理想だがちょっと足りない。そんなときは、お金を借りることも選択肢の1つ。個人が民間の金融機関から借り入れるのは難しいが国民金融公庫なら、開業をめざす人の強い味方になってくれる。

自己資金以外の資金調達法は3つ

安易な借入れには賛成できませんが、自己資金が少ないと開業後に赤字が続き、すぐ経営が行き詰まってしまう、というのもまた事実。運転資金確保のために、自己資金以外の資金調達を検討するのも1つの手です。

資金調達方法は、①国や自治体、民間のベンチャーキャピタル、友人や家族から「出資」を受ける、②国や自治体、民間・公的金融機関、友人や家族から「融資」を受ける、③家族などから「もらう」の3つ。

このなかでもっともポピュラーなのが、②融資を受ける方法です。個人だと民間の金融機関からの借り入れはなかなか難しいため、国や自治体の融資制度、公的金融機関を利用する人が多いのが現状です。国・自治体の融資は低金利で借入れの上限はおおむね300万円程度。手軽に利用しやすいのですが地域差があるので、開業資金の調達には、公的金融機関である「国民生活金融公庫」がもっとも利用しやすいでしょう。

新創業融資制度なら無担保・低金利

雑貨ショップが利用できる国民生活金融公庫の融資制度は、左ページの表のように、大きく3つに分けられます。このなかで、保証人や担保がなくても融資を受けることができる、という大きなメリットがあるのが「新創業融資制度」です。きちんと返済していれば、店舗拡大の際に再び融資が受けやすく、無担保なのに低金利。身内から無理して借りるよりお勧めです。

融資の申し込みから決定までは約1カ月ほどかかります。まず、窓口で相談後、借入申込書、開業計画書などを用意して提出。面談後に融資が決定します。ポイントは、融資を受ける際の判断材料となる開業計画書。次ページの記入例を参考に、説得力のある計画書をつくりましょう。

国民生活金融公庫の融資制度

	新創業融資制度	女性、若者／シニア起業家資金	新規開業資金
利用条件	・新規開業者 ・開業資金の2分の1の自己資金を確認できる人	・女性 ・30歳未満の人 ・55歳以上の人	・新規開業者 ・現在の会社で勤続年数6年以上の人
融資額	750万円以内	運転資金4,800万円以内 設備資金7,200万円以内	運転資金4,800万円以内 設備資金7,200万円以内
返済期間（うち据置時間）	5～7年以内（6カ月）	5～15年以内 （1～2年以内）	5～15年以内 （6カ月～3年以内）
利率	2.75％（5年以内）	0.65～1.55％（5年以内）	0.65～1.55％（5年以内）
担保・保証人	不要	要	要

※詳細は国民生活金融公庫HPを参照（http://www.kokukin.go.jp/）

開業計画書の書き方　4大ポイント

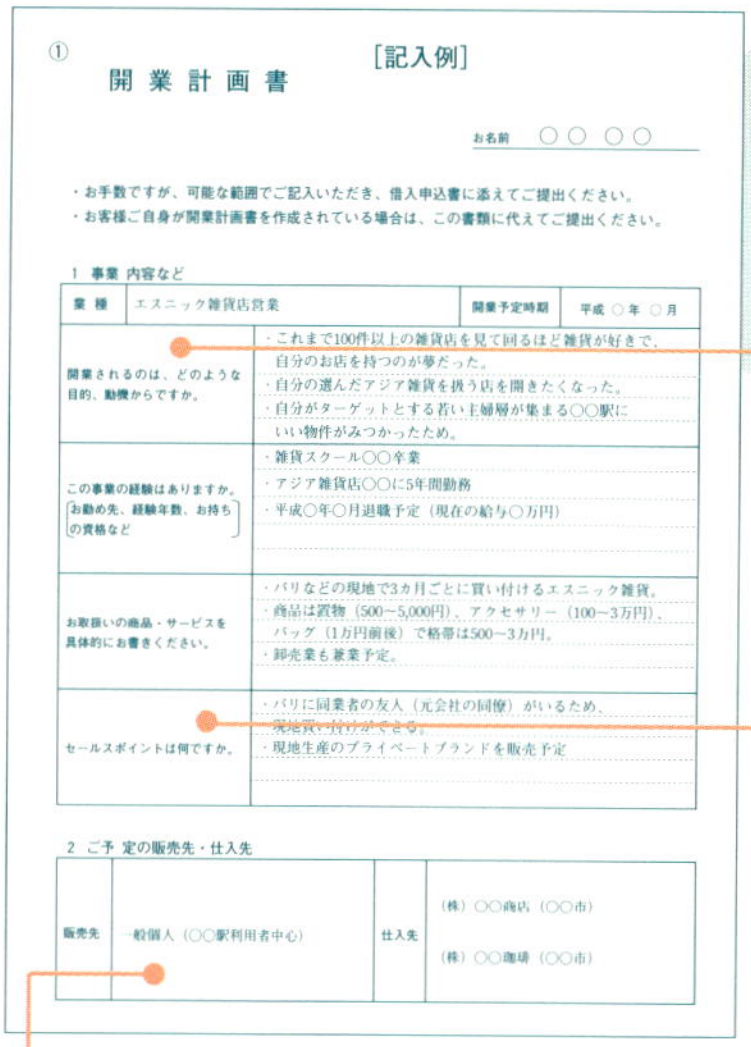

①　　　　　　［記入例］

開業計画書

お名前　○○ ○○

・お手数ですが、可能な範囲でご記入いただき、借入申込書に添えてご提出ください。
・お客様ご自身が開業計画書を作成されている場合は、この書類に代えてご提出ください。

1 事業 内容など

業種	エスニック雑貨店営業	開業予定時期	平成○年○月
開業されるのは、どのような目的、動機からですか。	・これまで100件以上の雑貨店を見て回るほど雑貨が好きで、自分のお店を持つのが夢だった。 ・自分の選んだアジア雑貨を扱う店を開きたくなった。 ・自分がターゲットとする若い主婦層が集まる○○駅にいい物件がみつかったため。		
この事業の経験はありますか。［お勤め先、経験年数、お持ちの資格など］	・雑貨スクール○○卒業 ・アジア雑貨店○○に5年間勤務 ・平成○年○月退職予定（現在の給与○万円）		
お取扱いの商品・サービスを具体的にお書きください。	・バリなどの現地で3カ月ごとに買い付けるエスニック雑貨。 ・商品は置物（500～5,000円）、アクセサリー（100～3万円）、バッグ（1万円前後）で価帯は500～3万円。 ・卸売業も兼業予定。		
セールスポイントは何ですか。	・バリに同業者の友人（元会社の同僚）がいるため、現地買い付けができる。 ・現地生産のプライベートブランドを販売予定		

2 ご予 定の販売先・仕入先

販売先	一般個人（○○駅利用者中心）	仕入先	（株）○○商店（○○市） （株）○○珈琲（○○市）

1 「開業の動機」「セールスポイント」で熱意を示す
「開業の動機」は、具体的な理由を記入する。なぜ、開業したいと思ったのかを自分の言葉で書き熱意を伝えて。業界未経験者は、知識や技術をどう習得したかを書き添えよう。「セールスポイント」は、お店のコンセプトや独自性をはっきりと打ち出すこと。

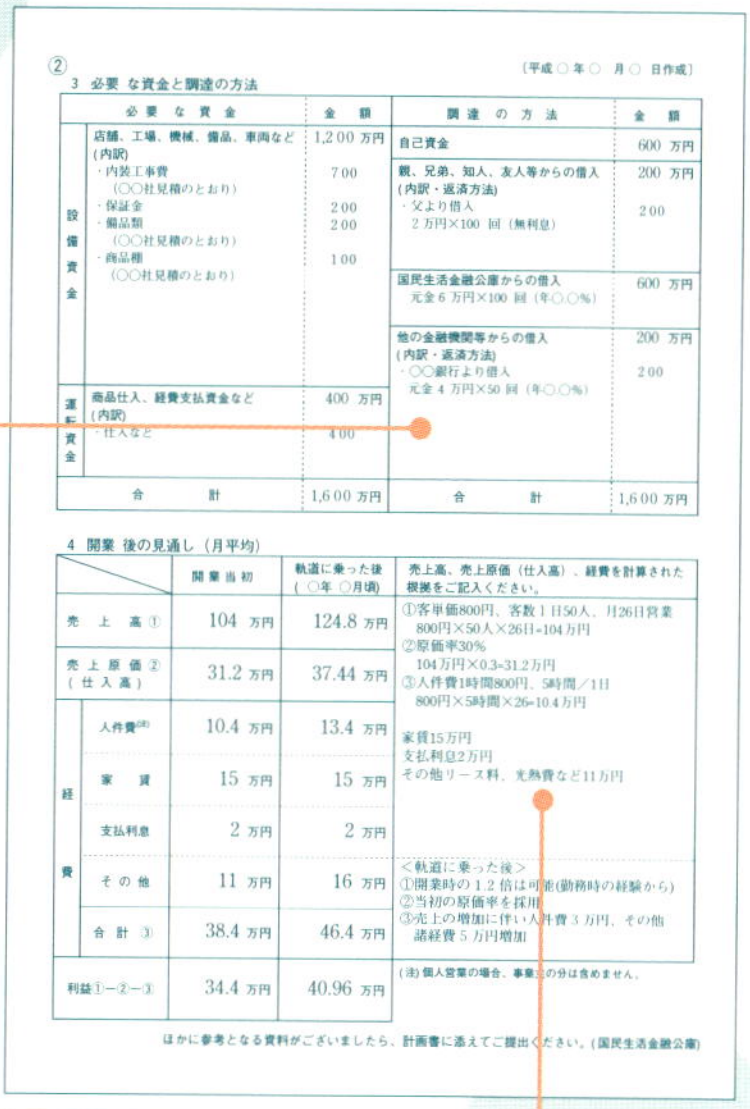

②　　　　　　［平成○年○月○日作成］

3 必要 な資金と調達の方法

	必要な資金	金額	調達の方法	金額
設備資金	店舗、工場、機械、備品、車両など （内訳） ・内装工事費（○○社見積のとおり） ・保証金 ・備品類（○○社見積のとおり） ・商品棚（○○社見積のとおり）	1,200万円 700 200 200 100	自己資金	600万円
			親、兄弟、知人、友人等からの借入 （内訳・返済方法） ・父より借入 2万円×100回（無利息）	200万円 200
			国民生活金融公庫からの借入 元金6万円×100回（年○.○%）	600万円
運転資金	商品仕入、経費支払資金など （内訳） ・仕入など	400万円 400	他の金融機関等からの借入 （内訳・返済方法） ・○○銀行より借入 元金4万円×50回（年○.○%）	200万円 200
合計		1,600万円	合計	1,600万円

4 開業 後の見通し（月平均）

		開業当初	軌道に乗った後（○年○月頃）	売上高、売上原価（仕入高）、経費を計算された根拠をご記入ください。
売上高①		104万円	124.8万円	①客単価800円、客数1日50人、月26日営業 800円×50人×26日=104万円
売上原価②（仕入高）		31.2万円	37.44万円	②原価率30% 104万円×0.3=31.2万円
経費	人件費(注)	10.4万円	13.4万円	③人件費1時間800円、5時間／1日 800円×5時間×26=10.4万円 家賃15万円 支払利息2万円 その他リース料、光熱費など11万円
	家賃	15万円	15万円	
	支払利息	2万円	2万円	
	その他	11万円	16万円	＜軌道に乗った後＞ ①開業時の1.2倍は可能（勤務時の経験から） ②当初の原価率を採用 ③売上の増加に伴い人件費3万円、その他諸経費5万円増加
	合計③	38.4万円	46.4万円	
利益①－②－③		34.4万円	40.96万円	（注）個人営業の場合、事業主の分は含めません。

ほかに参考となる資料がございましたら、計画書に添えてご提出ください。（国民生活金融公庫）

2 販売先などは具体的に書く
販売先は「一般個人」とし、ターゲットを「○○駅を利用する20～30代のOL」などと詳しく記入。客層を考え、より現実的に開業を考えていることをアピール。

3 「必要な資金」は根拠を示し、相手を納得させて
什器や設備1つひとつの商品名や品番などを明記し、より具体的に。工事費や備品などは見積もり書を添付する。

4 売上高、売上原価（仕入れ費）、経費は根拠のある数字を
漠然とした数字ではなく、客単価と来客数を予想して計算を。開業当初と経営が軌道に乗った後の見通しを分けて計算する。売上原価（仕入れ費）が具体的にわからない場合は、売り上げの6掛（60％）に設定するのが一般的。

年間売り上げ目標をもとに年間スケジュールを立てよう

お店の売り上げが伸びれば仕入れに費やせるお金が増え、思い通りのお店づくりができるようになる。そのためには、現実的な売り上げ目標を設定し、実現に向けて集客力の高いイベントを企画することも必要だ。

毎月一定の売り上げがあるとは限らない

ただ漠然と営業しているだけでは、127ページで立てた月間売り上げ目標〈（固定経費＋流動経費）÷粗利益率〉を達成することは難しくなります。なぜかといえば、扱う商品の性質にもよりますが、小売業は一般的に「ニッパチ＝2月と8月」はお客が入らないといわれるためです。大型連休のある5月や9月は、レジャーにお金を使うので、客足が伸びないこともあるようです。

そのため、毎年年末を迎える前に次の年の年間売り上げ目標額（月間売り上げ目標×12カ月）を立て、それに合わせて客足を伸ばすイベント計画を立てる必要があります。

まず、年間売り上げ目標額を計算したら、客足が伸びないと予想される月は少なめに、クリスマスシーズンなど売り上げが伸びそうな月は多めに、目標額を配分してください。月ごとに設定した目標額は、3カ月ごとに見直して、あまりに下回るようなら、経費の見直しをして、実現可能な数字に修正しましょう。

セールよりアイデア重視のイベント企画がお勧め

今度は、月ごとに割り振った売り上げ目標額を実現させるために、企画やイベントを考えます。イベントに合わせたコーナー展開や季節を先取りしたディスプレイでお客さまの購買意欲を刺激したり、セールや作家の展示会を行ったり、さまざまな内容があります。

ただ、雑貨は利幅が薄い商品も多いので、セールをすると売れても儲けが出ないこともあります。また、雑貨は愛着を産む商品という性質があるので、購入して数カ月も経たない商品がセールに出されていると気分を害するお客さまもいます。集客力抜群のセールは魅力的ですが、企画力を駆使したアイデア勝負のイベントのほうに力を注ぎたいものです。

■連休は休んでもいい？

月間売り上げ目標を営業日で割ると、1日の売り上げ目標金額が計算できる。

例：月間売り上げ目標60万円÷営業日25日＝2万4000円

この金額を達成できそうであれば、連休に店を休んでもOK。普段の定休日の見直しも含め、ぜひ計算してみよう。

年間スケジュール（例：2006年）

月	1	2	3	4	5	6	7	8	9	10	11	12	13	14	15	16	17	18	19	20	21	22	23	24	25	26	27	28	29	30	31
1月	日	月	火	水	木	金	土	日	月	火	水	木	金	土	日	月	火	水	木	金	土	日	月	火	水	木	金	土	日	月	火
	休み								福袋							バレンタインコーナー設置															
2月	水	木	金	土	日	月	火	水	木	金	土	日	月	火	水						火	水	木	金	土	日	月	火			
	バレンタインコーナー設置													バレンタインデー											春の商品展開開始						
3月	水	木	金	土	日	月	火	水	木	金	土	日	月	火	水	木	金	土	日												金
	ホワイトデーコーナー設置		ひなまつり											ホワイトデー																	
4月	土	日	月	火	水	木	金	土	日	月	火	水	木	金	土	日	月	火	水	木	金	土	日	月	火	水	木	金	土	日	
										夏の商品展開開始							GWに向けた提案コーナー							母の日コーナー設置							
5月	月	火	水	木	金	土	日	月	火	水	木	金	土	日	月	火	水												月	火	水
														母の日															父の日コーナー設置		
6月	木	金	土	日	月	火	水	木	金	土	日	月	火	水	木	金	土												木	金	
																		父の日													
7月	土	日	月	火	水	木	金	土	日	月	火	水	木	金	土	日	月	火	水	木	金	土	日	月							月
	帽子作家展																														
8月	火	水	木	金	土	日	月	火	水	木	金	土	日	月	火	水	木	金	土	日	月	火	水	木	金	土	日	月	火	水	木
														秋の商品展開開始														秋の連休向け提案コーナー、もしくは敬老の日向けプレゼントコーナー設置			
9月	金	土	日	月	火	水	木	金	土	日	月	火	水	木	金	土	日	月	火	水	木	金	土	日	月	火	水	木	金	土	
																		敬老の日													
10月	日	月	火	水	木											月	火	水	木	金	土	日	月	火	水	木	金	土			
																							冬の商品展開								
11月	水	木	金	土	日	月	火	水	木	金	土	日	月	火	水	木	金	土	日	月	火	水	木	金	土	日	月	火			
								ビーズアクセサリー作家展・販売会																		クリスマスコーナー設置					
12月	金	土	日	月	火						月	火	水	木	金	土	日	月	火	水	木	金	土	日	月	火	水	木	金	土	日
															商店街のクリスマスセール										正月コーナー設置					休み	

「もうそんな季節になったんだ」という意識を呼び起こすため、イベント日より1カ月ほど前からコーナー展開を開始。

イベントは月1回で十分。行う時期は、給料日で客足が伸びる20日前後、客足が落ちる月はじめから10日あたりがねらい目！

作家の個展や展示会は、手間が少なく店に変化をつけてくれる。作家のファンが店の固定客になってくれる可能性も。

売り上げ記録の活用法

売り上げ分析をして、お店づくりに役立てよう

「売り上げ」は、単なるデータではない。どんな人に、いくらで何が売れたのかがはっきりわかる、さまざまな情報の宝庫なのだ。数字をきちんと分析し、魅力的なショップづくりをしていこう。

売り上げ分析で きめ細かい対応が可能に

「売り上げ分析」といっても、何も特別なことをするわけではありません。毎日の仕事のなかで、「いくらの」「何が」「だれに」売れたかということを記録し、顧客データを整理しておけばいいだけなのです。

　こうしたデータは、ピンポイントを突いた広告・宣伝による集客力アップや、ニーズと一致した品ぞろえをしていくために必要不可欠なもの。イベントに合った客層の顧客にDMを出したり、売れている色を重点的に仕入れたりと、よりきめ細かい対応をすることで、集客や売り上げに結びつく確率はグンと高まっていくのです。

顧客データは お店の問題点を映す鏡

　小さい規模のお店であれば、どのお客さまが何を買ったのかはすべてオーナーの頭の中にあるはずです。特別な管理システムをつくらなくても、商品が売れるごとに、134ページで説明する商品台帳にメモする程度でもいいでしょう。

　ただ、後から客観的に並んだ数字や商品のデータを目にすると、気がつくことも多々あります。人気があると思っていた商品の売れ行きが落ち込んでいたり、客層が若くなり客単価が全体的に下がっていたり。売り上げデータは、お客さまの好みがわかるだけでなく、お店の問題点を映し出す鏡のようなもの。できれば、パソコンなどで顧客名を五十音順で管理し、買い上げ記録を入力してデータを蓄積していきたいものです。

■効果的なポスティング法
　チラシやポスティングをするときも、顧客データは有効だ。地図を用意して顧客の住所の部分に印をつけていくと、顧客が少ないエリアが見えてくるはず。そのエリアこそ、重点的に折込チラシやポスティングを行うべき場所だ。

こんなデータが売り上げ分析に役立つ！

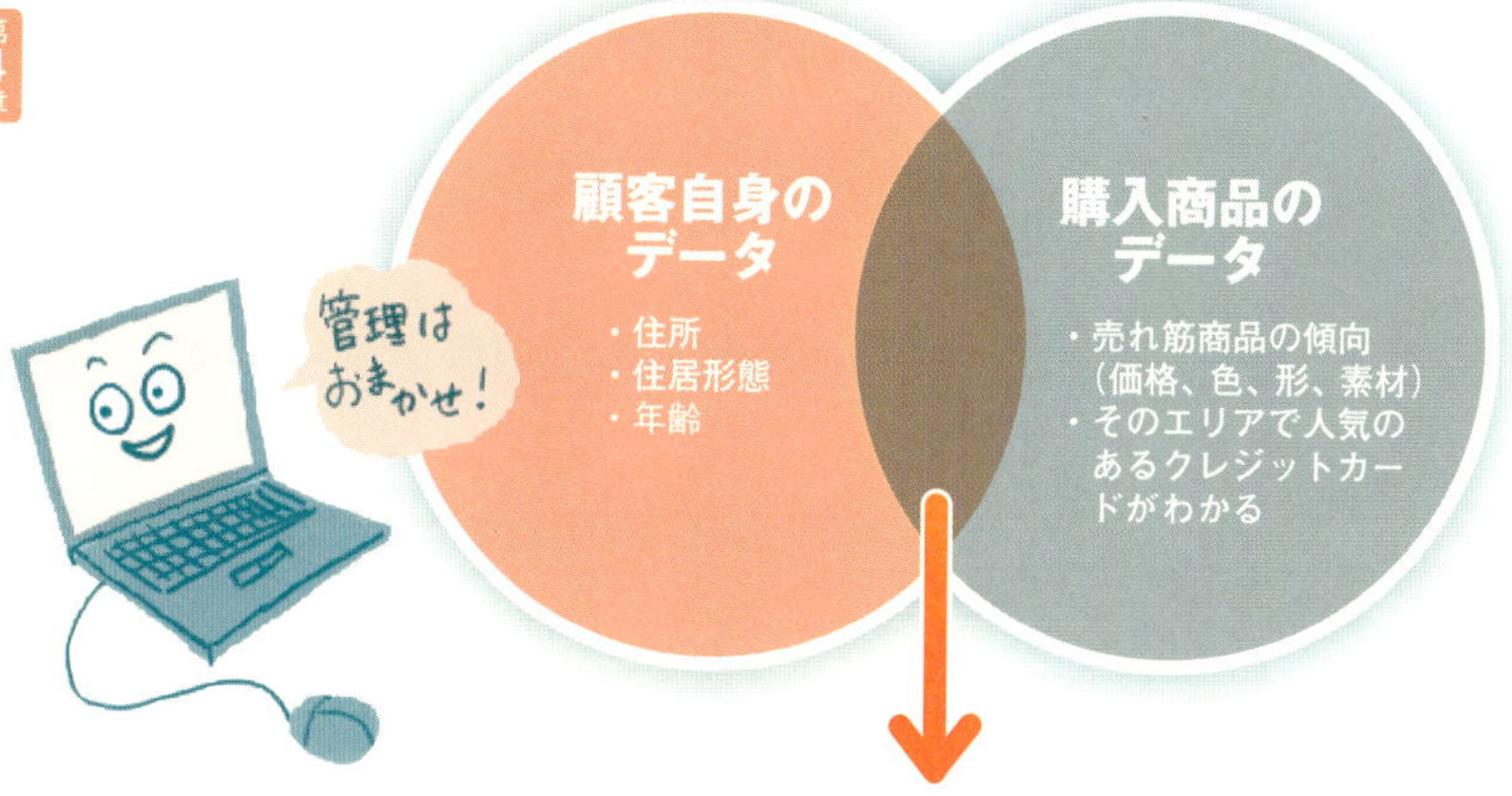
顧客自身のデータ
・住所
・住居形態
・年齢
購入商品のデータ
・売れ筋商品の傾向（価格、色、形、素材）
・そのエリアで人気のあるクレジットカードがわかる
管理はおまかせ！

顧客・売れ筋商品の傾向がわかるとこんなアプローチができる！

- 買い上げ金額が多い人へは、礼状やお中元・お歳暮を贈る
- セール商品しか買わない人にセールの案内DMを送る
- 来店者の少ないエリアにポスティングをする
- 店の問題点がわかり、対策を講じることができる

ポイントカードで顧客情報を収集

顧客データに必要な顧客の住所や名前だが、面と向かって聞くのはなかなか勇気のいることだ。小売業の世界では常識のことだが、そんなときは「ポイントカード」をつくるとスムーズに話が運ぶ。

そのデータがあれば、ターゲットを絞ってDMを送ったり、誕生月にバースデーカードを送ったりもできる。「メルレットルーム・カリーノ」（60ページ）では、バースデーカード持参で来店すると、2000円以上の買い物をすればお店からプレゼントを贈るというシステムが好評だ。カードは、足が遠のいていた顧客にアピールするにも有効だとオーナーの遠藤さんはいう。

「お客さまへの感謝の気持ちが大切」という遠藤さん。

商品管理のためのノートをつけよう

商品をいつどれくらい仕入れ、どのくらい売れて在庫は何個なのか。人気店のオーナーなら、必ずやこれを即答できるはず。きちんとした商品管理をすればマーケティング効果はもちろん、経営状態の把握もできるのだ。

パソコンを利用すると便利な商品管理

前ページでお金の管理の仕方を解説しましたが、ここでは「商品をどれくらい仕入れて、いくら支払い、いくつ売れたか」という商品の動きを管理する方法について説明します。

雑貨店では、商品管理のために「仕入れ帳」と「商品台帳」の2種類をつけるのが一般的です。書き方は、次ページを参照してください。これらの帳簿は文具店などで手に入りますが、パソコンで管理すると簡単です。

仕入れ帳の役割は仕入れ先ごとの商品の流れをつかむことにあります。仕入れた商品名や仕入れ額、支払い日や支払い額を書いていきましょう。月ごとに各項目を合計しておけば、総仕入れ額と総支払い額、繰越金額がわかります。

商品ごとに1枚ずつ作成する商品台帳は、商品の在庫がいくつあるのかを把握するためにつけるものです。見やすいように五十音順など使い勝手のいい並び順で管理しましょう。

伝票類の整理をすると経営状態が見えてくる

また、よく耳にする「棚卸」とは、商品台帳をもとにつくった「棚卸帳」と在庫数が合っているかどうか確認することです。

小さいお店でも、開業後はあっという間に在庫がたまるものです。できれば年度末だけでなく、毎月末に棚卸を行うことをお勧めします。

こうした書類の整理は、126ページで説明したお金の管理をするための帳簿類などと合わせて、1カ月ごとに手をつけておくと、後々の手間がグンとラクになります。毎年2~3月に行われる確定申告（税金の申告）のときに役立つのはもちろん、自分の営業方針が正しいのかを見きわめる処方箋にもなるのです。自分の店の運営を客観的な数字で確かめていくことが、ショップを成功させる秘訣です。

商品管理に必要なモノ

仕入れ帳

仕入れ先との取り引きの記録。仕入れ先ごとに仕入れ年月日、伝票番号もしくは商品名（○○他でOK）、仕入れ金額を記入していく。支払いをしたときも、現金、振込、小切手のいずれかを記入する。

abc商会（仕入れ先名）

月日	摘要	仕入れ金額	支払い金額	差引金額
6／○	マグカップ他	50,000		
6／○	ポストカード他	30,000		
／	支払い（振込）		80,000	
	月計	80,000	80,000	0

商品台帳

在庫の確認に必要なもの。何がどれくらいお店にあるかが一目瞭然だ。商品ごとに作成し、入荷日、色、枚数などを記入。売れたら年月日、色や数量を記すこと。

マグカップ（商品名）

月日	仕入れ数	売上数	残数
6／○	10		
6／○		1	9
6／○		5	4

棚卸帳

棚卸は、在庫の確認ばかりでなく、「これは仕入れすぎたから次から数を減らそう」「これは2年前の在庫だからディスカウントしよう」と、仕入れや売り方のヒントになることもある。

200X年11月末　キッチングッズ（ジャンル）

商品名	単位 単価	帳簿在庫数 帳簿在庫金額	実地在庫数 実地在庫金額	差異金額
マグカップ	個 1,000円	20 20,000円	18 18,000円	2,000円
スプーン	本 500円	10 5,000円	10 5,000円	0円
フォーク	本 500円	10 5,000円	10 5,000円	0円
合計金額		30,000円	28,000円	2,000円

キャリア13年の雑貨店オーナーに聞く　Part5

雑貨店に必要な
什器&備品の値段と選び方

key word 統一感、可動性、シンプル

お店の雰囲気を左右する什器や備品選びは開店準備のなかでも力を入れたい要素の1つだ。
ディスプレイが映えるデザインはもちろんのこと、サイズや使い勝手も考えながら選んでいこう。

可動性・可変性がある

通称「ガチャ棚」と呼ばれる可動式の陳列棚は、商品の大きさや数によって棚の位置を調節できる（粋気者）

手に入れやすい定番のスチール棚は、高さ調節ができ、デザインもシンプルで使い勝手がいい（DEALERSHIP）

どんなディスプレイにも対応する万能タイプを選んで

ディスプレイを変えるたびに、什器を交換するのは至難のワザ。ワゴン式、折りたたみ式など、可動性・可変性だと簡単に雰囲気が変えられて重宝します。棚板を追加できるラックも便利。

什器

オープンラック
……￥10,000台～

和ダンス
…￥100,000前後～

ショーケース
…￥80,000前後～

高級品は扉アリ・カギ付きへ

レジカウンターも兼ねるショーケースには、とくにレアな商品を保存（DEALERSHIP）

ショーケースにもバリエーションがある

万引きや破損が怖い高級品は、扉・カギ付きのショーケースやアクセサリーケースに入れておくと安心。ショーケースには横長の平ケース、縦長のハイケース、壁から吊る吊りケースなどがあります。

それ自体も商品である戸棚を利用して、商品をディスプレイしている（粋気者）

店のテーマに合っている

店の雰囲気と什器との相性を考えて

ナチュラル系の商品なのに、フレームがアルミのショーケースでは雰囲気に合いません。什器を選ぶときは、店のテーマとの相性をよく考えて。

センスに自信があれば、ミックススタイルにチャレンジしても。

海岸に流れついた流木を使って、海や自然のぬくもりを演出（スターフィッシュ）

ディスプレイ用品

テグス・フック
商品を壁や天井から吊るしたり、引っ掛けたりするときに使うスグレもの。壁に傷をつけないタイプもあるので、ディスプレイ変更のとき便利。

什器より安価なので いろいろ冒険しても楽しい

ベーシックなものがお勧めですが、備品は安価なので、失敗を怖がらず、いろいろ試してみましょう。カゴやトレイなどの備品は同じ種類のものをサイズ違いで、もしくは同サイズでそろえると、統一感が生まれます。

備品
レジ ……¥10,000台～
カゴ ……¥1,000前後～
店名入りバッグ ………1枚¥50～
(注文数により幅あり)

トレイ
小物を入れるトレイはいくつあっても便利。ガラス、ウッド、樹脂製など多種多様。カラーもお店のテイストに合わせて。

カゴ・バケツ
カゴは籐やワイヤー、バケツはプラスチックやブリキ、テラコッタなど素材感で異なる雰囲気を演出できる。

業務用品

筆記具・ノート
お客さまは意外に備品に注目しているもの。筆記具などにこだわってみると、そこから会話が弾むかも。

レジ
中古だと、レシートに印字される店名スタンプを製造元に問い合わせて2,000～3,000円ほどでつくってもらうことになる。

ラッピング用品
市販のもので十分。店名入りのものをつくるより、季節に合ったものをこまめに用意したほうが経済的でイベント効果も高くなる。

細かい備品は できるだけカラーを統一

レジスターは、「消費税の変更ができるもの」「2つのロールペーパーが入るもの」を基準に選びます。店名入りショップバッグやラッピング用品、筆記具やノートなどは、できるだけ色をそろえ、統一感を演出しましょう。

Owner's advice

什器は最初から完璧にそろえなくても大丈夫

私は、ベーシックなラックやショーケースは合羽橋(東京)の道具街などでそろえ、雰囲気づくりのためのテーブルや和ダンスは、アンティークショップなどで購入しました。ディスプレイで使っていると、お客さまに「売ってくれないか」といわれることもあるので、大きな家具でも「これを買ってしまったらずっとレイアウト変更できない」と怖がる必要はないと思いますよ。

また、私は最初からお店を完璧につくり込む必要はない気がします。最初は必要最低限の什器だけそろえ、スペースに余裕があるくらいでいいのでは。開業してから見えてくることもたくさんありますから。

いまは什器や備品をそろえるのに、インターネットのオークションサイトやリサイクル品を利用するお店も増えているようです。

傷や歪み、扉の開閉、ガタつきなどを自分の目でしっかり確認してから購入すれば、中古でも問題ないでしょう。オークションだと事前に商品をチェックできませんが、安さは魅力。ダメもとで思いきって挑戦してみてもいいかもしれません。

雑貨店オーナーは消費税を支払わなくてはいけないの？

雑貨ショップが消費税をどう扱っているのか知らない人は意外と多いもの。新しくなった消費税制度のポイントをここでしっかり押さえておこう。

売り上げ1000万円以上なら消費税の納税義務あり

消費税を「支払う」ときには意識しても、「納める」となるとあまりピンとこない人もいるでしょう。雑貨店オーナーのような個人事業主は、売り上げ金額が3000万円未満なら、消費税の納税義務はありませんでした。しかし、お店の商品には消費税が加算されているのが普通です。これは別に悪いことをしているわけではなく、納税義務はなくても、仕入れ金額に消費税が加算されているためなのです。

ところが、2005年分からは少し様子が違ってきます。売り上げ金額が1000万円を超えたら、その2年後から消費税を納税しなければいけなくなったのです。

あなたも未来の納税者になる可能性大

1000万円という数字は、どのお店にとっても、決して到達不可能な数字ではありません。1日に4万円を売り上げ、1カ月に25日営業する店であれば、あっという間に年間売り上げは1200万円。あなたも、じゅうぶん消費税の納税者になる可能性があります。雑貨店だけの数字ではないのであくまで目安ですが、総務省が個人経営の事業所を対象に行った調査によると、2004年の卸売・小売業の売上高の平均は1955万3000円。1000万円をはるかに超えています。

納税額の考え方については、次ページを見て、基礎知識として押さえておきましょう。

これじゃ
ダメ…よね

1カ月ごとに
書類整理が
必要なんだ!

■消費税法の一部改正について

平成16年4月1日から、消費税法の一部改正点が適用されている。

たとえば売上高が3000万円以下の事業者は、これまで消費税を免税されていた。しかし、平成17年納税分（基準となる期間は平成15年分）からは、免税となる上限が1000万円まで引き下げられた。

つまり、平成15年分の課税売上高（消費税分を引いた売上高）が1000万円を超えている事業者は、平成14年までなら免税された消費税を納税しなければならないことに。その他の改正点や、詳しい内容については、全国の主要税務署の相談室へ。

消費税の考え方

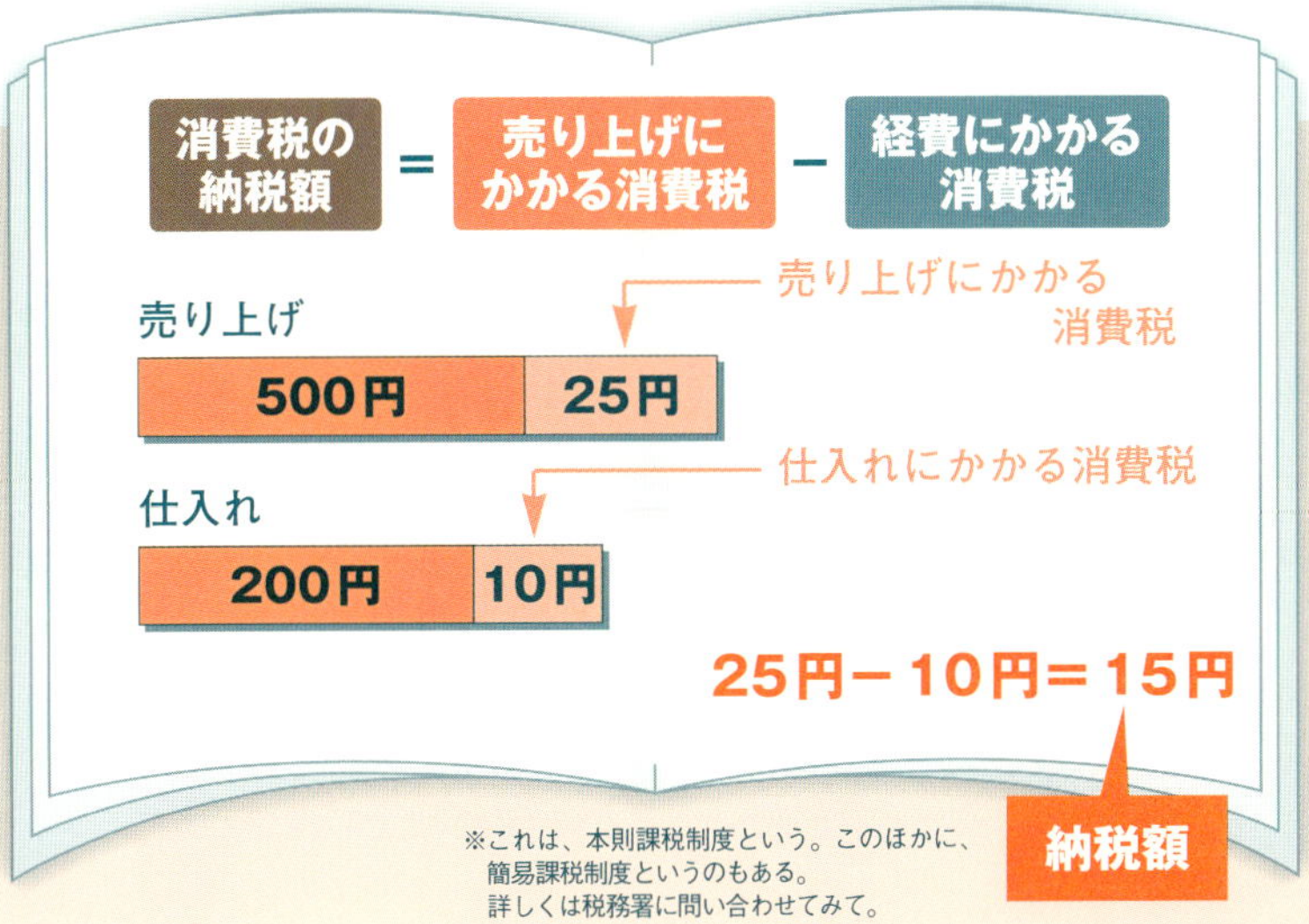
消費税の納税額
=
売り上げにかかる消費税
−
経費にかかる消費税
売り上げにかかる消費税
売り上げ
500円
25円
仕入れにかかる消費税
仕入れ
200円
10円
25円−10円＝15円
納税額

※これは、本則課税制度という。このほかに、簡易課税制度というのもある。詳しくは税務署に問い合わせてみて。

消費税で迷わないためには

- 消費税納税額計算の根拠となる「売り上げにかかる消費税」「経費にかかる消費税」は、帳簿から拾って、月々の消費税をまとめておく。
- 確定申告と同時に「消費税の確定申告」も行う。

ほうっておくと
後で
困りますよ

経理作業は税理士に頼むもの？

数字に苦手意識があると「経理は税理士に依頼する」というイメージがあるかもしれない。でも、小さいお店の個人事業の場合は、前ページで説明したような帳簿や台帳をきちんとつけておけば、とくに税理士に頼む必要はない。

税理士に頼むにしても、領収書や帳簿を渡さなくてはならない。どっちにしても、帳簿はつけるし、領収書もきちんと管理する必要があるのだ。数字を管理するということは、お店の経営を管理するということ。月々高い顧問料を払うことによって空く時間よりも、経営状態を正しく把握できているほうがメリットは大きい。

開業にまつわる手続きにはどんなものがあるの？

お店を開くには、じつにさまざまな書類を各機関に届け出る必要がある。面倒な作業ではあるが、これが終われば晴れてあなたはオーナーに！漏れがないよう、1つひとつ確実にこなしていこう。

煩雑な手続きは後回しにせずその場で解決

お店をはじめるということは、内容や提出先が多種多様な書類との格闘のはじまりです。このページでは、届け出が必要な書類を表にまとめたので、参考にしてみてください。

書類関係で気をつけたいのは、「わからないことはそのままにしない」ということ。税金を申告する確定申告は過去5年分にまでさかのぼって申告できるとはいっても、数年分の申告を一度にやるとなると大変です。迷ったら関係機関に相談し、確実に解決していきましょう。

1人でお店を開く場合

税金関係

【税務署へ提出】

□ **個人事業の開廃業等届出書**

新たな事業をはじめるため、お店を新設したときなどに必要な手続き。提出期限は、お店を開店した日から1カ月以内。すでに開業していて、お店をほかに増設、移転する場合は、その所在地を管轄する税務署にも届け出る。

□ **青色申告承認申請書**

青色申告承認申請書を提出すれば、税務上の優遇措置を受けることができる（下段参照）。提出する場合は、青色申告が必要になる年の3月15日までに、また1月16日以降に開業した場合は2カ月以内に提出する。

□ **所得税のたな卸資産の評価方法および減価償却資産の償却方法の届出書**

「たな卸資産の評価方法」とは、年度末の決算時に在庫している商品についての届け出をする場合の手続き。また、「減価償却資産の償却方法」とは、年々価値が下がる固定資産を耐用年数に割り当て、費用を配分する届け出のための手続きを指す。どちらも開業年の3月15日までに提出する。

【都道府県税事務所へ提出】

□ **個人事業開始等申告書**

お店のある地区の都道府県税事務所に、開業後すみやかに提出する。

社会保険関係

【住居のある市区町村で手続き】

□ **国民健康保険**

前年度の収入にもとづき保険料が計算される。40歳以上なら介護保険も徴収される。

□ **国民年金**

年金手帳を持参して手続き。保険料は現在13,300円。

■青色申告

個人事業主の申告には、白色申告と青色申告がある。青色申告は帳簿をつけなければいけないが、控除額が大きい。さらに、帳簿にも簡易式と複式の2種類のつけかたがあり、複式のほうがさらに控除額が大きい。最近の市販経理ソフトには、通常の帳簿付けをしていると、自動的に複式簿記の形式にしてくれるものもある。

■個人事業主VS会社組織

お店を開くにあたって、個人事業主か会社組織にするか悩む人も多いだろう。会社のデメリットは税務面などが煩雑なことだが、あとはメリット大。個人事業だと借金は個人負担だが、会社は倒産しても個人は責任を負わない。また、会社は経費の範囲が広く税金面でも優遇される。個人事業主でスタートし、様子を見ながら会社組織に切り替えてもいいだろう。

人を雇う場合

税金関係

【税務署へ提出】

□**青色事業専従者給与に関する届出書**
青色申告者がショップ経営に従事するスタッフに支払う給与額を、必要経費に算入しようとする場合に手続きする書類。提出時期は、前ページの「青色申告承認申請書」と同様。

□**給与支払事務所等の開設届出書**
お店のスタッフに給与を支払っている場合に必要。開業時だけでなく、移転・廃業するときも1カ月以内の届け出が必要。

□**源泉所得税の納期の特例の承認に関する申請書**
原則として源泉所得税は、徴収した日の翌月10日が納期限だが、給与の支払人員がつねに10人未満である場合、7月10日と1月10日の年2回にまとめて納付することができる。提出時期は、とくに定められていないが、提出した月の翌月以後に支払う給与などから適用される。

労働保険関係

【労働基準監督署へ提出】

1人でも従業員を雇用した場合は、採用日から10日以内に手続きの必要がある。

□**労災保険**
正式名称は「労働者災害補償保険」。従業員が勤務している時間内、または通勤途中などにケガや災害にあったときに給付される。保険料は全額を事業主が負担する。

【公共職業安定所（ハローワーク）で手続き】

□**雇用保険**
お店が倒産した場合、従業員に一定期間の所得を補償する目的で支給。保険料は事業主と従業員が折半で負担。

保険の種類	加入条件	対象	手続き先
労災保険	人を雇用したら加入	すべての労働者	労働基準監督署
雇用保険	正社員・加入条件を満たすパート労働者など ＜雇用保険に加入できるパートの条件＞ 1年以上継続して雇用することが見込まれる場合／1週間の所定労働時間が20時間以上の場合		公共職業安定所（ハローワーク）

社会保険関係

【社会保険庁で手続き】

□**健康保険・厚生年金**
会社組織では加入することが義務付けられているが、個人事業者であっても従業員を常時5人以上雇用している場合には強制適用される（なお5人未満でも従業員の半数以上が希望すれば加入できる）。ちなみに社員以外で社会保険の被保険者になれるのは、パートやアルバイトの場合、正社員の勤務日数・勤務時間の4分の3以上あること。

飲食サービスを行うなら保健所への届け出が必要

飲食店などを開く場合には、保健所の「食品営業許可」が必要になる。たとえ、雑貨店併設のショップインカフェでお茶しか出さないとしても、必ず届け出が必要だ。

営業場所を管轄する保健所に申請後、実地検査に合格した店舗にのみ許可が与えられる。

営業許可申請の基準は都道府県によって異なる。まず、工事をはじめる前に、保健所に図面を持参して必要な設備を確認する。その際に、申請に必要な書類をもらってくること。申請時に必要な「食品衛生責任者」の資格は、保健所などが実施する講習会を1日受講すれば取得できる。許可は休日を除き、2~3日で下りる。

〈保健所に提出する書類〉
- 営業許可申請書1通
- 施設の大要・配置図各2通
- 食品衛生責任者の資格を証明するもの（原本）
- 許可申請手数料（東京都は1万6000円）

※なお、営業許可申請の基準は、都道府県によって違うので、営業場所を管轄する保健所に問合わせを。

C O L U M N

クレジットカード会社への加盟はお得？

モノを買うほうの立場からすると便利なクレジットカードも
お店の側から見るとメリットばかりではないようだ。
いまどきカードが使えないお店は少ないが、カードのメリット・デメリットを
客観的にとらえ、その必要性を吟味してみよう。

客単価は上がるが、手数料で手取りは減る

ほしいものが見つかり、たまたま手持ちのお金がなかったとき、カードが使えるとわかれば、とてもうれしいものです。実際、カードが使えると知ると、買い上げ点数が増え、客単価が上がるといわれています。もはや私たちの生活になくてはならないクレジットカードですが、店側にはある程度の負担を強いられます。

たとえば、お客さまがカードを使って購入した場合、カード会社への手数料が発生します。手数料はおよそ3～8％ほど。同じものを売っていても、現金で売るより手にする金額は少なく、粗利益率が減ります。

さらに、カード会社からお店に代金が支払われるのは、2週間～1カ月後。商品が売れても現金が手元にないので、仕入れや支払い、スタッフへの給料支払いなどの運転資金がなく、資金繰りに苦労する可能性もあります。

ちなみに、カードが限度額を超えていないか調べる機械は、電話回線とつながっています。カードを使う人がいるたびに、カード会社への電話代がかかるというわけです。ただ、最近は多くの情報を取り込めるICカードが普及しつつあり、確認作業がカード内のデータで行えるようになっていくでしょう。

カードのメリット・デメリットを踏まえたうえで、カードを使えるようにしようと決めた場合、どのカード会社を選べばいいのでしょうか。VISA、JCB、Diners、American Expressなど、さまざまなカードがありますが、できればお客さまがよく使う複数のカード会社に加盟したいもの。お客さまが持つカードには地域性があるため、そのエリアの大型スーパーや金融機関が発行しているカードを調べてみましょう。

加盟料は無料ですが、お客さまがカードを使った際の売り上げ票を締め日までにカード会社に郵送する必要があります。締め日はカード会社によってまちまち。たくさん加盟すると、事務手続きが膨大になる可能性もあるため注意が必要です。

カード会社への申し込み方法

①カード会社のホームページの申込書に記入。もしくは、電話して加盟店になりたいことを伝え申込書を送ってもらう。
②加盟審査が行われる。
③審査にパスすると契約書が送られてくるので記入して返送。
④カードを扱うのに必要な機械などが一式送られてくる。この間、1日～2週間ほど。

メリット

・購買意欲を刺激され、客単価が上がる
・新規顧客が増える
・支払いはカード会社が行うので滞ることがない

デメリット

・手数料がかかる
・事務に時間をとられる
・カードの確認作業に電話代がかかる
・入金が先になるので資金繰りが苦しくなることも

第5章 ロゴやPOPのつくり方

オープン直前は最後のツメが大事!

お店の看板やロゴで、お客さまが
増えるわけではありませんが、
やっぱりオリジナルな魅力を
表現したいものです。
簡単な手描きPOP 1つでも、
心をこめれば多くを物語ってくれます。
あなたが伝えたいものを、
どう表現するか――。最後に、
お店づくりの総まとめをしましょう!

お店の名前を考えて ロゴデザインをつくろう

看板を見る人も、チラシに誘われて来る人も、まず注目するのは店名。ショップのコンセプトがわかりやすく表現され、おまけに強い印象を与えられるような名前とロゴが望ましい。

コンセプトをひと言で わかりやすさも大切

「○○醤油店」とか「△△豆腐店」というように、昔のお店の名前はストレートでわかりやすかったもの。

もちろん、お店のイメージを大切にするのであれば、無粋でストレートすぎるネーミングは望ましくありませんが、お店のコンセプトと、あまりにもかけ離れたネーミングでは、お客さまにお店のイメージを明確に伝えることはできません。

また、「名は体を表す」というように、ショップの内外装や全体のイメージに合わせたネーミングを考えることが大切です。

さらにいえば、親しみやすさやいいやすさ、インパクトをもったネーミングのほうが、強く印象づけられるはず。店名を覚えてもらうことも、お客さまに来ていただくための第一歩なのです。

手づくりロゴも印象的 安っぽくならないように

ネーミングを考えたら、次はロゴデザイン。街の看板屋さんに依頼するのが一般的ですが、お店の雰囲気といかにマッチしたデザインにするかが大切です。自分の考えやお店の特徴を細かく伝えて、何度も打ち合わせをしてみましょう。

思い通りのデザインに仕上がらないようなら、雑誌やカタログなどの見本を自分でピックアップして、参考にしてもらうのも方法です。

腕に自信のある人なら、自作してみてもいいでしょう。自分の思いを率直に伝えることができるし、素朴さやあたたかみもあります。

デザイナーに頼むコストもかかりませんが、安っぽくなってしまわないように注意しましょう。周りの人にアドバイスをもらったり、絵の上手な知り合いに手伝ってもらうのも方法。ロゴはお店の顔ですから、安易につくるのは避けたいものです。

■ネーミングの流れ

お店の名前をスムーズに決めるには、どのような手順を踏まえたらいいのだろうか。

最初に、自分の開きたい雑貨店とコンセプトの似た店の名前を雑誌やインターネットなどで集め、その傾向を探ってみる。

成功しているお店は、ネーミングにも人気の秘密がひそんでいるはず。もちろん、そのまま借用するのは言語道断だが、店名に込められたキーワードや語感などを別の言葉に置き換えられないか考えてみよう。このとき、外国語を使用するなら、できるだけ日常的に使う言葉を選び、親しみやすさをもたせるのも方法。

逆にとんがった言葉や、オリジナルの造語でインパクトをもたせるのもいいかも。

「看板」はお店のテイストを簡潔に

作家の作品を扱うお店のイメージを、アーティスティックかつにぎやかで楽しいデザインに表現（あーと屋雑貨店）。

ほとんどがリサイクルや手づくり品。コストを抑えるとともに、お店のイメージそのままに演出（オニグンソー）。

マウイ島の大自然を、あたたかみのある字体とスピリチュアルなキャラクターで表現（Love MAUI）。

本場フランスの人にわかりやすい店名だが、あえて手書き風の漢字を使用（粋気者）。

明るくすっきりとしたイメージの看板は、シンプルだが存在感がある（鵙屋）。

「ロゴ」はお店の個性を表現

ミッドセンチュリーを思わせるアメリカンポップなロゴ（DEALERSHIP）。

扱う商品と同じく、シンプルそのもので、美しいデザインを追求（designshop）。

龍や鳥などをモチーフとする、中国の「花文字」をとり入れて（偏西風）。

凝りすぎるのも問題 伝えたい思いを明確に

思いつきで店名やロゴを決めてしまうのも問題だが、逆に考えすぎたり、思い入れが強すぎるネーミングもわかりにくくなってしまいがち。

できる限りシンプルに、伝えたい思いをひと言で表現するような名前を選びたい。左は、お店のコンセプトや親しみやすさなどをうまく表現している例だ。

「LOVELY ROSE」→雑貨とカフェを融合させたくつろぎ空間のあたたかさを表現

「スターフィッシュ」→ダイビングショップらしく、海をイメージさせるヒトデの英語名を採用

「オニグンソー」→本来怖い「鬼軍曹」をカタカナ表記することでコミカル感を演出

「Love MAUI」→マウイをこよなく愛するオーナーの気持ちをストレートに表現。シンプルでわかりやすい

「偏西風」→東南アジアから北上する風のこと。アジアン雑貨を日本で販売するお店のコンセプトが3文字で見事に表現されている

魅力的なPOP広告で商品価値を高めよう

ただモノを並べるだけでは、その価値は伝わりにくい。モノのよさ、魅力をきちんとアピールすることが大切だ。手づくりのPOPは、商品の魅力や値段の安さをわかりやすくアピールするために最適の手段だ。

手描きであたたかさを演出 下手でもいいからていねいに

POPといえば、カラフルなマーカーで太描きされたスーパーの値札を思い浮かべがち。もちろん、取り扱う雑貨の種類やお店の雰囲気によっては、そうした派手なPOPでもいいでしょうが、おしゃれに描きたいなら、なるべく細いペンで、あまりでしゃばりすぎない感じにまとめたいものです。

パソコンのフォントでPOPを制作する人もいますが、なんとなくあたたかみに欠ける印象も。下手でもいいので、自分自身の手でていねいに1枚1枚つくってみてはいかがでしょうか。

品名・値段は当たり前 思い入れや使い方も書き込む

POPに最低限書き込むべき内容は①値段、②品名、③ブランド名、④産地・輸入元など。

でも、もっと大切なのは、その商品に対するあなた自身のこだわりや、使用方法、自分で使ってみた感想などを書き込んでおくことです。

その商品がどんなにいいものでも、「なぜいいのか」「使ってみると、どうなるのか」がお客さまにきちんと伝わらなければ売れません。

つまりPOPは、お客さまに商品の価値を知っていただくためのものなのです。

商品価値をアピールするためには、なるべく具体的にシチュエーションを書き込むことも大切です。

たとえば、「ひとり暮らしの部屋に深夜帰宅して、ふと寂しさを感じたときに聞きたいCD」とか、「肌ざわりのよいタイシルクでつくった、安眠にぴったりのパジャマ」といった感じです。

あまり文章が長すぎると、最後まで読んでもらえません。できるだけ簡潔に、しかし要点はしっかり伝えるようにまとめてみましょう。

人気の雑貨屋さんはこんなPOPをつくっている

DEALERSHIP

コンディション説明型

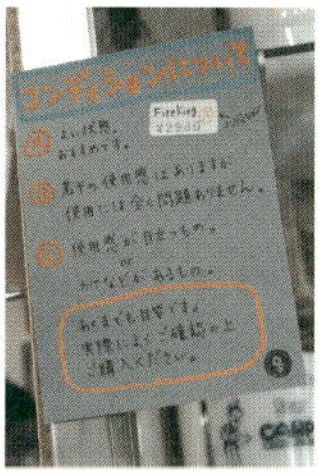

商品をコンディション別にA～Cにランク分け。キズあり、キズなしを明確に表示。

情報発信型①

コレクターも多いお店だが、入門者向けに商品の情報を発信。手にとりやすいよう特徴について説明している。

こだわり訴求型

「当店のマグは、何十年前のものでもピカピカ。毎日磨いています」そんな店のこだわりをしっかりアピール。

Love MAUI

かわいらしさ訴求型

カラフルなカードに丸文字を書き込むことによって、商品をより親しみやすくしている。

見せ方にひと工夫型②

POPをひもで宙吊りにしたユニークな表現方法。ただ貼ったり、置くだけよりも目につきやすい。

粋気者

見せ方にひと工夫型①

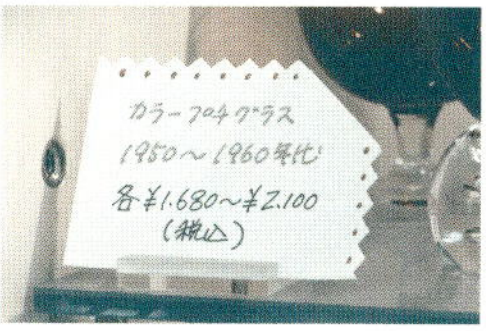

紙を自由自在にカットして、親しみやすいPOPに。思わず商品を手にとりたくなりそう。

割引価格訴求型

通常価格とセール価格をわかりやすく比較。お値打ち感を強く訴えている。

偏西風

商品説明・提案型

もっともオーソドックスなスタイル。素材のよさや、着こなし方の提案を簡潔にまとめている。

情報発信型②

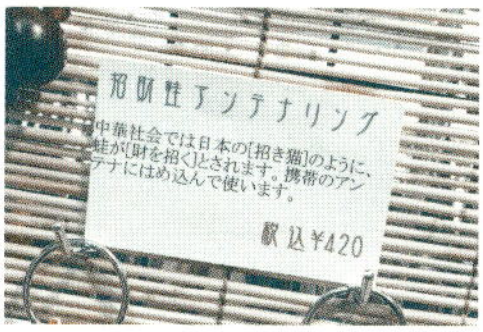

中国で「招き猫」のように親しまれているカエル人形のいわれを紹介することで、商品価値を説明。

POPに使用するペン、素材

スーパーの値札に使用されている筆記具は太字用マーカーやポスターカラーなど。派手で目立つのが特徴だ。しかし、本書で紹介した雑貨屋さんのPOPは、むしろ細いペンを使用した素朴なものが多い。

POPを書き込む素材は、アート紙やケント紙など厚手の紙が主流だが、薄い色紙や折り紙、布、革など、お店の個性に合わせてなんでも利用してみよう。発泡スチロールを切り抜いて立体的なPOPをつくってみるのも面白い。

また、ポスターカラーを使えばショーウインドウに文字を描き込むことだってできる。

屋外に商品を陳列するなら、POPをラミネート加工しよう。

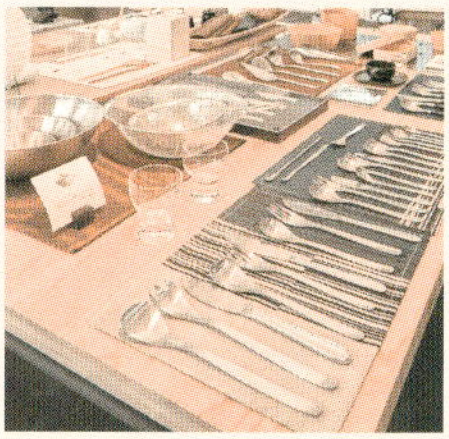

ほとんどPOPらしいものは目立たない「designshop」。コンセプトによっては、こうした選択肢もあるだろう。

キャリア13年の雑貨店オーナーに聞く　Part6

接客の2大ルールをしっかり押さえておこう

key word　接客　気配り・行動　お客さまへの印象　感謝の気持ち

「なぜかあのお店に行きたくなる」と感じるのは、
商品の魅力もさることながら、オーナーやスタッフの接客に
負うところも大きい。「接客7大用語」とスムーズな会計のコツを
しっかりマスターし、オープン日を迎えよう。

Rule 1　接客7大用語をマスターする

1　いらっしゃいませ

お客さまを迎える言葉。大げさにならず、感じよく。このときのお客さまの様子から、探し物があるのか、自分でじっくり見たいのかを見きわめて。

2　かしこまりました

「ほかの色はないの？」「それを見せてほしい」などの頼まれごとをしたら、黙って行動してはダメ。行動の前に、このひと言を必ず添えて。

3　少々お待ち下さい

1人もしくは少人数でやっているお店は、お客さまを待たせることも多いので、この言葉は重要。このひと言があるかないかで、印象が違ってくる。

4　お待たせいたしました

待たせてしまったお詫びと、待ってくれた感謝の気持ちをこめて。上っ面だけでなく、お客さまの顔を見ながら心をこめていうと効果的。

5　ありがとうございます

お買い上げのとき、何かお客さまにしてもらったときなどに使う。接客初心者のスタッフには、まずこの言葉が自然に口に出るように教育を。

6　申し訳ございません

「申し訳ございません、後ろを失礼いたします」というように、お客さまにお詫びをするときのほか、お客さまにお願いをするときなどにも使う。

7　またお越し下さい

お客さまの去り際にひと言添えるといい。しつこさを感じさせないよう、サラリと。「またお待ちしております」でもOK。

Rule 2

スムーズな会計を心がける

会計カウンター前にお客さまが立つ

1 「ありがとうございます」

こう口にしながら、急いでレジに向かおう。お客さまの動きにはいち早く気づき、行動することが大切。

2 「○○円でございます」

商品の金額を1つひとつ読み上げながらレジを打ち、合計金額を伝える。

3 「ちょうどいただきます」「○○円お預かりします」

お互いに金額を確かめ合う意味で、預かった金額を口にする。

4 「○○円のお返しになります。お確かめください」

おつり間違いは意外と多い。きちんと確認するとともに、お客さまにも確かめてもらう。

5 「ありがとうございました。またお越し下さい」

商品はカウンター越しではなく、必ずカウンターの前へ出て手渡しする。できれば、出口まで見送る。

6 「お待たせいたしました」

次のお客さまには必ずこう声をかけてから会計作業をはじめる。

Owner's advice

接客用語の根底に流れる本当の意味を理解して

雑貨ショップの接客は、あまりにマニュアル通りだと魅力がない反面、常連さんとくだけた会話をしすぎるとほかのお客さまが不快に感じることもあるので難しいところです。

このあたりのさじ加減が、接客センスといえるのかもしれません。

また、「ありがとうございました」と同じ言葉を使っても、相手の心に響かせることができる人と、そうでない人がいます。相手の心を動かすのは、「接客7大用語」を駆使することではありません。おもてなしの心や言葉の本当の意味を理解すれば、言葉はどうであれ気持ちは必ず伝わります。

接客はとても大事なものですが、一方でお店は商品があってこそ成り立つもの。人間関係や小手先の接客で集客を図るよりも、まずはいい商品をそろえることも忘れないでください。

オープン告知

たくさんの人に来てもらうために オープンの告知をしよう

間もなく開店！　といっても、近所の人はともかく世間の人はお店のことをまったく知らない。オープンをいかに告知するかは、立ち上がりをうまく成功させるかどうかの分かれ道となる。

いろいろな媒体を検討して あの手この手でPR！

新しいお店をオープンさせるときには、何よりもまずお店を知ってもらうことが大切。そのためにはさまざまな手段を利用して告知する必要があります。告知方法はいくつかありますが、代表的な4つの方法をご紹介しましょう。

まずは新聞の折り込みチラシ。お店の周辺に絞って配ることができる合理性、家庭まで確実に届く信頼性、サイズや配布数、日程、紙面デザインの自由度など、さまざまなメリットがあります。

ポケットティッシュは、人から人への手渡しなので、反応がダイレクトにわかります。また、単なるチラシより受け取ってもらいやすいのも大きなメリットでしょう。

そして、最近種類が増えてきたフリーペーパーへの広告掲載。何十万部も発行されるフリーペーパーもあり、多くの人に見てもらえる点ではいちばん効果的です。

ただし、配布場所を指定できないことや、競合店も数多く掲載されるなどのデメリットもあります。

顔を覚えてもらうには最適 自分の足で地道に告知

もっとも身近なご近所のお客さまにアピールするには、自分自身であいさつまわりをしたり、チラシを配るのがいちばん。地味に見えますが、顔を覚えてもらいながら、反応を見るうえでは最適の方法といえます。

どんな人たちが暮らし、働いているのかといった市場調査もできます。

ご近所付き合いを広げる意味でも有効。相手がお店なら、チラシを置いてもらえないか頼んでみましょう。

このほかにも、告知の方法はいろいろあります。ターゲットやコスト、チラシのデザインなど、自分のお店に合った方法を選んで、上手にPRしましょう。

■ご近所の市場調査

たとえば、ひとり暮らしの人が多い街なのか？　どんな年齢層の家族が多いのか？　所得層は？　といった街全体のプロフィールがわかるだけでなく、「○○さんのお嬢さんは、銀細工が好き」「うちのパパは中古レコードのコレクター」といった個人的な情報まで聞き取り調査できる。

品ぞろえや販売計画を考えるうえで貴重なヒントになるはずだ。

お客さまはこんなふうに感じる！ さまざまな告知方法の効果

●折り込みチラシ

ふと目にとまった折り込みチラシ。近所に最近できたちょっとユニークな雑貨屋さんだ。スーパーやマンションの派手な広告に混じって、ひときわおしゃれな感じ。散歩がてらのぞいてみるのもよさそうだ。

●フリーペーパー

ひまつぶしに見ているフリーペーパー。お店探しに困ったときのお役立ちアイテムだ。でも、たくさんお店が載っていて、どれを選べばいいのかわからない。とりあえず近所にあるお店のなかから、写真やキャッチコピーのいいものを選んでみよう。

●ポケットティッシュ

駅前でもらったポケットティッシュ。何気なくもらったものだけど、シンプルなデザインが格好よくて印象的。ティッシュを使っていたら、友だちもそれに気付いた。家から遠くないし、今度の土曜日、2人で行ってみることに。

●近所へのあいさつまわり

仕事中にやってきたのは、近くにできた雑貨屋さんのオーナー。オープン告知のチラシを持ってきてくれた。人当たりもよく、話しも楽しい。仲良くやっていけそうな印象だ。明日は日曜だし、ちょっと遊びに行ってみるか。

告知媒体ではここをアピールしよう

- コンセプト
- 所在地
- 電話番号
- ホームページアドレス
- オープン日
- 営業時間
- お勧めアイテム
- お店の雰囲気

etc.

●クチコミは最大の広告効果

クチコミによる生の情報は説得力が強く、聞き手がお店に行く大きな動機づけになる。とくに情報にうとい人にとっては、おいしい情報源にもなってアナウンス効果も期待できる。

しかし、チラシや広告と違って、お店の雰囲気や品ぞろえなど、1人の印象がそのまま伝わってしまうのは長所でもあり、短所にもなる。大切なのは、いかに1人ひとりのお客さまを大事にできるか。クチコミの影響力には注意したい。

いくらかかるの？ 気になる告知の費用

それぞれの告知にかかる費用は、取り扱う会社によっても差があるので、何社か比較してみること。発注量や内容によっても値段が異なるので、見積もりをとってもらうほうがいい。

ちなみに折り込みチラシは、東京23区の場合B5判が1枚3円弱。ポケットティッシュはフルカラー（または4色）1000部で2〜3万円。フリーペーパーの場合、基準になる価格があるわけではないが、小さな枠（1／18〜1／8ページ）でおよそ3〜5万円あたりの価格帯が多い。

予算の関係で告知するゆとりがない場合は、表に目立つ看板を置いたり、手づくり品の店頭実演販売などのイベントで、道行く人を注目させる手もある。

キャリア13年の雑貨店オーナーに聞く　Part7

ラッピングの「基本」をマスターしよう！

key word　ギフト　差別化

いまはさまざまなラッピング用品が出回っている時代。
自分でラッピングをするお客さまも増えているが
だからこそひと手間かけたアイデアで
「ギフトならあのお店！」といわれるようになりたいものだ。

ラッピング見本を展示してお客さまにアピール

じつは、ラッピングを売りにしている雑貨店というのは、思ったほど多くありません。日々の仕入れで忙しく、なかなかそこまで手が回らない……というのが現状のようです。

だからこそ、きれいなラッピングはお客さまに喜ばれるだけでなく、他店との差別化にもなります。

ラッピング見本をレジカウンター周辺に展示すれば、「うちはギフトが得意ですよ」とアピールできます。まれに、「ラッピング見本がホコリまみれ」というお店を見かけることもありますがこれは言語道断！

手が空いたら、季節に応じたラッピングディスプレイをして、お店を華やかに演出しましょう。

ラッピングは、技術より心を大切に

豪華なラッピングよりささやかな感謝の気持ちを

DEALERSHIP（24ページ）では、要望があれば専用ボックスに入れる無料サービスのほか、クッション入りのカゴに詰めるラッピングサービス（200円）を行っています。当初、2人の共同オーナーはラッピングの経験がなく、他店でわざわざ買い物をして、ラッピングを学んだといいます。

2人の感謝の気持ちは、商品を買う人にも伝わっているようです。

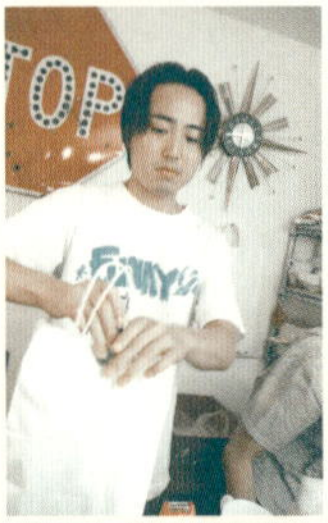

割れにくいとはいっても、何があるかわかりません。もしものために、気泡シート（プチプチR）に包んで。

毎日磨いてきれいな商品ですが、お客さまにお渡しするときには、もう一度さっと拭きます。

持ちやすいショップバッグに入れて、お客さまから料金をいただきます。「ありがとうございます」を忘れずに。

+logo

シンプルなショップバッグにシールを貼るだけでも個性的に

あーと屋雑貨店のオーナー森さんは、自身もアーティストであり、店内のキャラクターも手掛けている。和紙を貼り合わせた小袋が意外な人気。

+Smile

かわいらしいラッピングには笑顔がとてもよく似合う

Love MAUIはハワイ、マウイ島の現地作家の作品や観光情報などもお任せ。オーナーの住友さんは、お客さまとのふれあいも大切にしている。

ラッピングの基本〈斜め包〉

箱の大小を問わず対応できるので、まずこれを覚えておけば困ることはありません。包み方で祝儀・不祝儀の区別をつけることもできます。

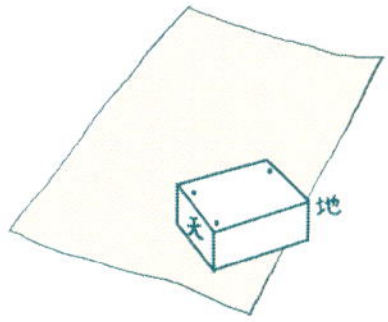

❶箱の角の3点が紙の上に乗るように合わせ、箱の表を上向きに置く。祝儀の場合、天（開口部）は左側、不祝儀は右側に向ける。

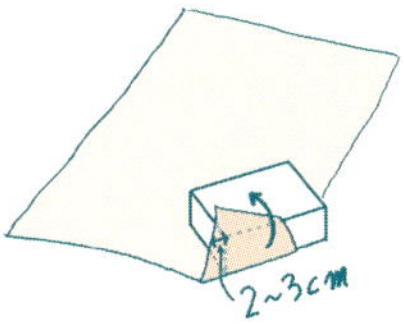

❷手前の包装紙を箱にかぶせる。左角が包装紙に隠れ、2～3センチ余裕があるようにする。

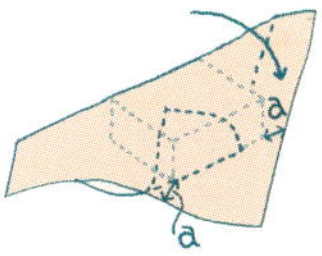

❸紙と箱の大きさが合っているかを見るために、向こう側の紙を手前にかぶせる。箱の角すべてが紙に隠れていれば包める。aは3～4センチあればOK。

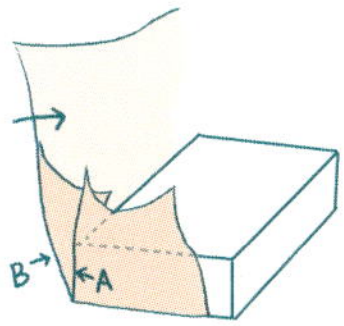

❹❷の状態に戻し、角の線に合わせて内側へ押し込み、サイドの紙を立ち上がらせてAのラインに合うようBのラインを調節。

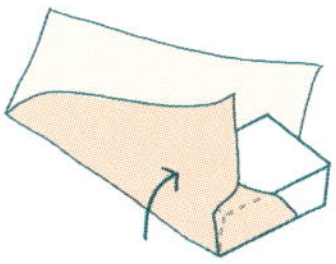

❺左側の紙を箱の上にかぶせる。

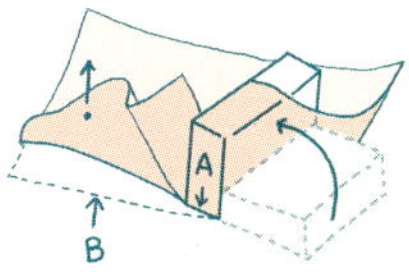

❻・印の部分を内側に引っ張りつつ、Aのラインからはみ出さないよう、Bのラインを調節。紙ではなく箱のほうを動かして折り込む。

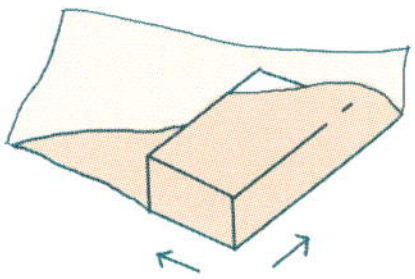

❼たるみがなく、きっちり箱に密着しているかを確認。

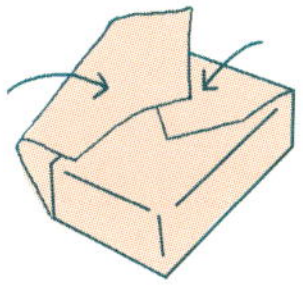

❽❹～❼を繰り返し、残りの部分も包む。

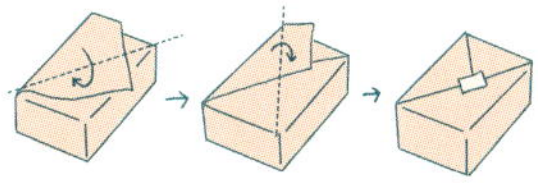

❾でき上がりにテープを1カ所貼るだけで包み終われるよう、箱の角と角を結ぶ対角線を基準に、紙の端を内側に折り込む。

参考：株式会社シモジマのホームページ「ギフトラッピング」

ラッピングの講習会が受けられるところ

■シモジマ（東京・大阪・名古屋）
http://www.shimojima.co.jp/
1回3,150円程度で受講できる。

■ラッピング協会（全国）
http://www.wrapping-assoc.com/
ラッピングコーディネーター資格取得のための講座。

Owner's advice

講習会などで基本を身につける方法も

私はラッピングが大の苦手。開業してしばらくは、お客さまを待たせてしまうことがありました。「まだ不慣れなのでお時間がかかるかもしれません」と最初に断っていましたね。

幸いにも最近は、簡単にセンスのあるラッピングができるバッグやボックスが増えて助かっています。

初心者ならラッピング用品の「シモジマ」が行うラッピング講座などを受講してもいいですね。

開店当日の段取りを決め、シミュレーションしよう

はじめてのお店を運営するにあたっては、想像以上に大変なことがいっぱいある。本番でパニックにならないよう、オープン前に1日の営業をしっかり練習しておくことが大切だ。

本番でまごつかないようにまずはシミュレーションを

開店前の準備に、接客、包装、レジ……。お店運営の段取りは、実際に経験してみないとわかりません。オープンしてからとまどうことのないように、1日の営業をシミュレーションしておくことが大切です。

とくに気をつけたいのが、たくさんのお客さまがお越しになる週末の対応です。複数のお客さまに、一方では商品説明し、その一方で会計をしなければならないことも。

そんな状況をあらかじめ考慮して、スタッフとの役割分担や段取りを決め、オープン前にきちんと練習しておく必要があります。

お店のなかはもちろん、店先の陳列品や看板がきちんと保たれているか、入り口の周りにゴミは落ちていないかといった点にも気を配らなければなりません。

もちろん、店内の陳列を整えたり、必要に応じてBGMを変えたりと、やるべきことはいっぱいあります。

率直な意見をもらって的確に修正していく

シミュレーションは、実際の営業スタイルに沿って行います。友人や知人、ご近所の人などを招いて、お客さん役になってもらいましょう。

まずはお店の雰囲気やサービスの良し悪し、商品の良し悪しについて率直な意見をいってもらうことです。身内だからといって遠慮せず、厳しい評価を下してもらいましょう。

シミュレーションを実行するタイミングは、内装工事や仕入れとの兼ね合いにもよりますが、できるだけ早めにすること。スタッフ間のコミュニケーションやその他、問題点が見つかったら、なるべく早く解決しておく必要があります。

開店直前ではなく、遅くとも1週間前にはすませておくほうが、余裕をもってオープンに臨めるでしょう。

■休日のスタッフ確保について

立地条件にもよるが、一般に雑貨屋さんのかき入れどきといえば週末だ。スタッフの勤務体制についても、この点を考慮する必要がある。

たとえば、休日だけのアルバイトやパートタイマーを採用することで、人件費を合理化することもできるし、シフト体制によって休日のスタッフを多めにする方法もある。

こんな点を要チェック！ ありがちな開業時の問題点

その1 掃除が行き届いていない

細かいホコリなどは見落としがちだが、商品を売る店にとっては致命的。店内はもちろん、入り口の周辺も入念に掃除しよう。

その2 いただけない「ダンボール販売」

梱包用ダンボールを開いて、そのまま販売している店もあるが、安っぽい印象をぬぐえない。搬入されたダンボールを店内に積み上げたままにしておくのもマイナスだ。

その3 見通しをさえぎる大きなPOP

入り口から店内全体がざっと見渡せるようなレイアウトが理想。大きなPOPや棚でさえぎられると、なかに入る意欲をなくしてしまうことも。

その4 ごちゃごちゃしたディスプレイ

整然とした陳列は気持ちのよいもの。逆にごちゃごちゃしたディスプレイは、何をどう選んだらよいのかわからず、買う気力を失わせてしまう。

その5 あいまいな商品説明

お客さまから商品に対する質問を受けたら、きちんと答えられるようにしておくのは当たり前。スタッフにきちんと商品知識を覚えてもらうこと。

その6 いい加減な接客態度

来店時に「いらっしゃいませ」、帰りに「またお越しください」は基本中の基本。あいさつや接客マナーを徹底したい。

その7 空調・照明は問題ないか

お客さまがすごしやすいように、店内環境をきちんと整えよう。空調や照明、BGMなどがきちんと作動するかどうかも事前に要チェック。

その8 棚はちゃんと埋まっているか

開店からいきなり品不足ではお話にならない。殺風景な印象を与えないよう、ボリューム感たっぷりの品ぞろえを心がけたい。

その9 お釣りは用意できているか

案外見落としがちなポイント。あらかじめ銀行で小銭を用意しておこう。本番でお客さまを待たせることだけは避けたい。

売れるお店には3つの条件がある

開業までにチェックすべき項目はほかにもまだまだあるが、結局そのすべては「いかに売れるお店をつくるか」という根本的な課題に集約される。「売れるお店」の条件とは、次の3つだ。

①お客さまに好かれること
②できるだけたくさんの商品を見てもらえること
③商品の魅力が瞬時に伝わること

①については、お店がいかにこだわりをもって商品を提案し、一方でお客さまに対しては、いかに楽しく、気持ちよくお買い物していただけるかを考える。

②③については、商品のディスプレイやPOPに工夫をこらすことが大切だ。

開業までのシミュレーションで、何かもの足りなさや問題を感じたら、この3つの条件に立ち戻って工夫を重ねてみよう。

オープン後に注意すること

最初の1カ月がとっても大切。オープン後に注意すべきこと

いくら準備万端でオープンしたといっても、すべてが思ったようにうまくいくわけではない。予想外の問題もそのままにせず、なるべく早いうちに解決していこう。

客観的な目で問題を見つけ こまめにすばやく改善しよう

思ったよりもお客さまが来ない、利益が上がらない、クレームが多いなど、オープンしてから起きる問題は少なくありません。問題が発覚したときはあまり長引かせず、すばやく原因を突き止めて対処することを最優先すべきです。

気になる点があれば、1人で抱え込むのではなく、いろいろな人の意見を聞いてみましょう。

原因として考えられるのが、まずお店づくりがうまくいっていない場合です。たとえば、看板や外観に魅力がない、インテリアや外装がコンセプトに相応しくない、営業時間が短いなどが挙げられます。

また、品ぞろえや値段に魅力がないという場合もあります。お客さまからの感想やリクエストを聞きながら、2~3週間おきに品ぞろえを見直したり、特売品コーナーを設けるなどの工夫をこらすのも方法です。

といっても、仕入れには時間とお金がかかるものですから、開店前にあらかじめ、品ぞろえの入れ替えを想定して仕入れ先を確保しておくことが必要でしょう。

周辺の環境や人間関係も注意すべきポイント

そのほかに、周辺の環境や人との関係がうまくいっていない場合があります。騒音や道路にせり出した陳列など、注意されたものはすぐに改善しましょう。

スタッフ同士の関係が悪いことも、接客に支障をきたすだけでなく、お店の雰囲気を壊しかねません。それ以前に、自分のお店なのに、楽しく働くことができないという矛盾も生じてしまいます。

こうした問題は起こらないことがいちばんですが、修正が可能な初期段階でわかったほうが問題を大きくせずにすますことができます。

■アンケートでお客さまの声を

お店の問題点を客観的に把握するためには、お客さまからのご意見に、きちんと耳を傾けることが大切。接客しながら、世間話や商品説明のついでにいろいろな声をうかがってみよう。そこに問題解決のヒントが隠されていたり、新たな問題の存在を知るいい機会となる。

簡単なアンケート用紙を用意して、来店の際に記入してもらうのも有効だ。①品ぞろえは？ ②値段は？ ③店の雰囲気は？ ④接客態度は？ といった質問項目を設けて統計をとれば、店の問題点を数値化して分析することもできる。

売れるお店づくりのためのひと工夫

3つのポイントを大切に

売れるお店の最低条件とは、①お客さまに好かれること、②できるだけたくさんの商品を見てもらえること、③商品の魅力が瞬時に伝わること。この3つに気を配れば、おのずと魅力的なお店づくりができるはずだ。②と③については、陳列に工夫をこらすことが大切。商品にマッチした陳列棚をオリジナル製作したり、手描きPOPで注意を引くのも方法だ。いろいろ試行錯誤を繰り返しながら、魅力的な棚づくりを実現してみよう。

商品はシーズンごとに見直しを

毎度毎度おなじ品ぞろえでは、リピーターが増えないのも当然。季節ごとに品ぞろえや店舗レイアウトを変えて、つねに新鮮な印象をもたせよう。シーズンに合わせてセールやイベントを企画してみるのもいい。

また、オープンから2～3週間たっても、客足がいまひとつの場合は、思いきってレイアウトを変えてみるのも挽回のきっかけとなることが多い。あせらずに、いろいろと工夫してみること。

チェックポイント

【店頭／外観】

- □ 外観のデザイン、汚れ
- □ 看板のデザイン、汚れ、位置
- □ 店頭陳列は整然としているか
- □ 店舗前のゴミ処理は万全か
- □ 告知、宣伝は十分か

【品ぞろえ・陳列】

- □ 陳列棚にムダな空きはないか
- □ ボリューム感のある陳列か
- □ 手にとりやすい高さにあるか
- □ イチオシ商品は目立っているか
- □ オリジナル商品はあるか
- □ 値段設定は適切か

【その他】

- □ 接客態度はていねいか
- □ スタッフ同士のコミュニケーション
- □ 空調、音楽、照明
- □ インテリアに気を配っているか
- □ ご近所とのコミュニケーション
- □ お店のコンセプトは維持されているか

売り上げアップのヒント①

「週末の集客」

小売店にとって、かき入れ時はなんといっても週末。売り上げの大半が週末に集中する店も少なくない。逆にいえば、いかに週末の集客数を高めるかが、お店を成功させるポイントとなる。

たとえば、週末だけの特別セールやイベントなどを計画するのも手。週末は家族で出かける人も多いので、親子連れのお客さまが思わず足を運びたくなるようなイベントを計画してみるのもいい。

また、母の日や父の日、バレンタインデーといった「特別な日」にあてて限定販売や特別セールを開催するのも常道。

また人出の多い週末は、街頭でのチラシ配りにも絶好のチャンス。駅や大通りに出向いて、積極的にお店をアピールしたい。

開店後の見直しと、売り上げアップのポイント

ついに念願のオープン！　喜びもひとしおのはず。でも開業は、あくまで「第一歩」にすぎない。お店は長く続けてこそ意味があることを忘れずに。開店後もこまめな見直しと改善を怠らないようにしたい。

初心を忘れてはいけないが たえず変化することも大切

時代はつねに変化するもの。お店の基本コンセプトにこだわり続けることも大切ですが、時代の変化に合わせて、品ぞろえや店舗の雰囲気など、細かい部分はたえず見直す革新的な気持ちも併せもちたいものです。

つまり、変わらない部分（基本コンセプト）と、変えるべき部分（表現方法）をきちんと理解し、つねに新鮮さを保ち続けることが、雑貨店を成功させる大事なポイント。

時代のニーズを読むには、雑誌やインターネットなどで情報収集するのはもちろんのこと、実際に来店する1人ひとりのお客さまの声に、きちんと耳を傾けることが大切です。こうした柔軟な対応が、品ぞろえや陳列、店の雰囲気づくりを変える大きなきっかけとなるはずです。

お客さまの声に 惑わされすぎないこと

ショーウインドウの模様替えや、カウンター周りの整理、陳列の見直しなど、ちょっとした変化を加えるだけでも、お店のムードががらりと変わることがあります。

2～3年に1回は、店舗内装を全面的にリニューアルするのも売り上げを維持する方法でしょう。

ただし、あくまで開店当初からの基本コンセプトは忘れず、その発展形として変化していくこと。お店の考え方やこだわりに共感してファンになったお客さまたちを裏切らないことが大切です。

もし、基本コンセプトまで変わってしまうのであれば、それは新しい「別の店」になってしまいます。

また逆に、お客さまの意見ばかりを反映させようとして、自分を見失うのも考えもの。「ガンコ親父の店」が長く愛されるように、「あの店にはこだわりがある」と思わせるようになれば、きっと固定ファンが増えるはずです。

■つねに新鮮さを演出する工夫

「あのお店に行くと、いつも何かある」と思わせるようになれば大成功。逆に「いつ行っても、変わり映えしない」と思われたら、リピーターを失うことになってしまう。

定期的に品ぞろえやレイアウトを見直したり、イベントを実施することで新鮮さを演出したい。

たとえば、創作雑貨の店であれば作家の個展を開いたり、季節性の高い品物を扱っているのであれば四季ごとにシーズンセールを開催するといった感じだ。

もちろん、イベントやセールごとにチラシや広告を打つことが大切。「しばらく行かなかったけど、面白そうだから見に行ってみるか」と思わせればしめたもの。

人気店にするための基本7カ条

1 最新のニーズをキャッチする

時代が変われば人も変わる。
飽きられないよう、つねに何が求められているのかを把握してお店づくりを。

2 新たな価値の研究

いつも変わり映えしない品ぞろえでは、リピーターもいつか飽きてしまうかも。
コンセプトは守りつつも、新しい価値を追い続けよう。

3 ときにはガンコ者であれ

根が不安定な樹木は、すぐに倒れてしまうもの。
枝葉は変えても、基本コンセプトだけは守り続けよう。

4 お客さまを信じすぎない

お客さまのすべての意見をお店づくりに反映させることは不可能。
大切なのはコンセプトに合っているかどうかということ。

5 自分を信じすぎない

自分がいいと思ったモノが必ず売れるとは限らない。
スタッフやお客さまの意見にもきちんと耳を傾けよう。

6 お隣さんとは仲良く

近所の評判というのも意外とあなどれないもの。仲良くなって、お店の存在を認められることも大切だ。

7 雑貨好きであり続ける！

自分のお店を夢見ていたころの気持ちを忘れずに、
自分のお店を好きであり続けよう。

売り上げアップのヒント② 「会員組織づくり」

お店の売り上げをアップさせるには、固定ファンを増やすことも大切。そのためには、会員制度を導入するのも有効な手段だ。

会員カードを発行して、特別割引や会員限定の情報紙、パスワード入力でアクセスできる会員限定のウェブサイトなどで情報発信することにより、お店のファンとして定着してもらうのである。

ただし、最近は個人情報保護が厳格になっているので、会員情報管理にはくれぐれも気を配ろう。

また、同じようなコンセプトをもつほかの街の雑貨店と仲良くすることで、仕入れ先を広げたり、取り扱い商品を互いに持ち合って品ぞろえを増やすのも方法。

最近では、複数のお店が1つのオンラインショップを共同経営する動きもある。自分の店だけにこもらず、幅広く同業の有志を募ってビジネスを拡大するのも成功への道だ。

●著者紹介
バウンド
経済モノ、ビジネス関連、生活実用書などを得意とする、コンテンツ制作会社。企画立案から書店先まで、書籍の総合プロデュースを手がける。主な作品に、『FX外国為替保証金取引「超」入門』『はじめての「癒しサロン」オープンBOOK』（以上、技術評論社）『本番力を鍛えるビジネス・トレーニング・ブック』（双葉社）『起床術』（河出書房新社）ほか。URL http://www.bound-jp.com

●staff
装丁・本文デザイン●中野岳人
カバーイラスト●佐藤隆志
撮影●吉村誠司／坂田隆／泉澤徹
本文イラスト●里見敦子／佐藤隆志
編集・執筆協力●二階幸恵／伊藤彩子／白井英之／
渡辺賢一／辻美穂／加藤貴世
DTP●株式会社明昌堂

お店《みせ》やろうよ！④
はじめての「雑《ざっ》貨《か》屋《や》さん」
オープンBOOK《ブック》

2005年11月10日　初版　第1刷発行
2011年11月25日　初版　第8刷発行

著　者●バウンド
発行者●片岡　巌
発行所●株式会社技術評論社
東京都新宿区市谷左内町21-13
電話　03-3513-6150　販売促進部
03-3267-2270　書籍編集部
印刷／製本●日経印刷株式会社

定価はカバーに表示してあります。

ISBN4-7741-2541-5 C0034
Printed in Japan

●本書へのご意見・ご感想は、ハガキまたは封書にて、以下の住所でお受け付けしております。電話でのお問い合わせにはお答えしかねますので、あらかじめご了承ください。

●問い合わせ先
〒162-0846　東京都新宿区市谷左内町21-13
株式会社 技術評論社　書籍編集部
「はじめての「雑貨屋さん」オープンBOOK」
感想係